KB023655

철학의 나무

철학의 나무

초판 1쇄 발행   2021년 10월 10일

원 제   The Philosophical Tree(1945)
지은이   칼 구스타프 융
옮긴이   정명진
펴낸이   정명진
디자인   정다희
펴낸곳   도서출판 부글북스
등록번호   제300-2005-150호
등록일자   2005년 9월 2일
주소   서울시 노원구 공릉로 63길 14(하계동 청구빌라 101동 203호)
              (01830)
전화   02-948-7289
전자우편   00123korea@hanmail.net
ISBN   979-11-5920-142-4 03180

philosophical tree

철학의 나무

칼 구스타프 융 지음 정명진 옮김

차
례

1부

나무 상징의 개별적 표현들

...7

2부

나무 상징의 역사와 해석

...75

찾아보기

...237

1부

—

나무 상징의 개별적 표현들

무의식의 원형적 형상들 사이에 자주 나타나는 이미지 하나가 바로 나무, 즉 기적을 일으키는 식물의 이미지이다. 이 공상의 산물들을 그림으로 그리는 경우에, 그것들은 종종 만다라의 형태를 취하는 대칭적인 패턴을 보인다. 만다라를 단면(斷面)으로 본 자기의 상징으로 묘사할 수 있다면, 나무는 자기의 측면(側面)을 나타낼 것이다. 자기가 성장의 한 과정으로 묘사되고 있는 것이다.

여기서 이 그림들이 나오게 되는 조건에 대해서는 논하지 않을 것이다. 나의 에세이들, 그러니까 '개성화 과정에 관한 연구'(A Study in the Process of Individuation)와 '만다라의 상징적 표현에 관하여'(Concerning Mandala Symbolism)에서 필요한 이야기를 이미 다 했기 때문이다. 지금 제시하는 예들은 모두 나의 환자들이 자신의 내면의 경험을 표현하기 위해 그린 일련의 그림들에서 끌어낸 것이다.

　나무 상징의 다양성에도 불구하고, 기본적인 특징이 다수 확인된다. 이 에세이의 첫 부분에서, 나는 나의 환자들이 그린 그림들에 대해 설명할 것이다. 이어 두 번째 부분에서, 나는 연금술의 철학의 나무와 그것의 역사적 배경에 대해 설명할 생각이다.

　나의 연구에 동원된 자료는 어떤 식으로든 외부 영향을 전혀 받지 않았다. 왜냐하면 나의 환자들 중에서 연금술이나 샤머니즘에 관한 지식을 사전에 갖추고 있었던 사람이 아무도 없었기 때문이다. 따라서 그림들은 창조적인 공상의 자동적인 산물이며, 그 그림들이 의식적으로 갖고 있는 유일한 목적은 무의식적 내용물이 의식 속으로 부드럽게, 말하자면 의식도 무의식적 내용물에 압도당하지 않고 무의식적 내용물도 어떤 왜곡도 겪지 않는 상태로 넘어갈 때 일어나는 일을 표현하는 것이다.

그림들 대부분은 치료를 받고 있는 환자들이 그린 것이지만, 일부 그림은 치료의 영향을 받지 않는 사람이나 더 이상 치료를 받지 않는 사람이 그린 것이다. 나는 암시적인 효과를 발휘할 수 있는 말을 미리 하지 않도록 조심했다는 점을 강조해야 한다. 32점의 그림들 중 19점은 나 자신이 연금술에 대해 전혀 아무것도 모를 때 그려진 것이며, 나머지는 나의 책『심리학과 연금술』(Psychology and Alchemy)이 출간되기 전에 그려졌다.

그림 1

나무가 바다 한가운데의 섬에 홀로 서 있다. 나무의 윗부분이 그림의 가장자리에 의해 잘렸다는 사실이 나무의 크기가 거대하다는 점을 암시한다. 새싹들과 자그마한 흰색 꽃들이 봄이 왔음을 알리고 있다. 나이가 인간의 수명을 훨씬 능가하는 거대한 나무는 이제 새로운 생명을 깨울 것이다. 나무가 한 그루밖에 없다는 점과 나무가 그림 중앙에 축을 이루는 자리에 서 있다는 사실이 세계수(世界樹)와 세계의 축을 떠올리게 한다. 이런 것들은 나무 상징에 거의 보편적으로 나타나는 특성들이다. 이 특성들은 그림을 그린 사람의 내면

나무에서 새로운 싹이 나고 하얀 꽃이 피었다. 나무는 섬
에 홀로 서 있다. 뒤쪽은 바다이다.

에서 일어나고 있는 과정을 표현하고 있으며, 또 그 과정이
그 사람 개인의 심리와 아무런 관계가 없다는 점을 보여주고
있다. 여기서 나무는 보편적이며 개인의 의식과 무관한 어떤
상징을 나타내고 있다. 그러나 이 그림을 그린 사람이 자신
의 내면 상태를 쉽게 보여주기 위해서 크리스마스트리를 의
식적으로 이용하고 있었을 수도 있다.

그림 2

나무가 동그란 구(球) 위에 서 있다. 이 나무는 그것을 그린 사람에게 바오밥나무를 상기시켰다. 바오밥나무의 뿌리들은 폭발하며 소행성이 되는데, 생텍쥐페리(St. Exupéry)의 어린 왕자는 그 위에 산다. 이 나무는 또한 페레키데스(Pherekydes)[1]의 세계수와 당산(堂山)나무, 세계의 축을 떠올리게 한다.

1 B.C. 6세기에 활동한, 시로스 섬 출신의 그리스 사상가.

동그란 지구 위에 서 있는 나무의 추상적인 형태와 위치는 정신적 고립감을 표현하고 있다. 이를 보상하기 위해, 왕관처럼 생긴 나무 윗부분의 완벽한 균형은 상반된 것들의 통합을 가리킨다. 이것은 개성화 과정의 원동력이자 목표이다. 이런 그림을 그린 사람이 자신을 나무와 동일시하지도 않고 나무에 의해 동화되지도 않고 있다면, 그는 자기애적인 고립의 위험에 굴복하지 않을 것이며, 그는 단지 자신의 자아 인격이 어떤 상징적 과정을 마주하고 있다는 것을 치열하게 자각할 것이다. 그는 그 상징적 과정을 받아들여야 하는데, 이유는 그것이 그의 자아만큼이나 현실적이고 부정할 수 없는 것이기 때문이다.

사람은 온갖 방법을 동원해 이 과정을 부정하고 무효화시킬 수 있지만, 그렇게 함으로써 그 사람은 그 상징이 지닌 가치를 모두 잃고 말 것이다. 순진하게도 호기심을 느끼는 그의 정신은 당연히 합리적인 설명을 찾으려 들 것이며, 당장 설명을 발견하지 못하면, 그의 정신은 임시변통으로 완전히 부적절한 가설을 내세우거나 낙담하며 외면할 것이다.

사람들이 대체로 인생 자체가 수수께끼로 넘쳐나기 때문에 우리가 대답하지 못하는 것들이 조금 더 있다고 해서 달라질 것은 하나도 없다는 식으로 생각하고 있음에도 불구하고, 그들이 수수께끼들을 안고 살아가거나 수수께끼들이 계속 살아 있도록 내버려두는 것은 매우 어려운 일인 것 같다. 그러나 정말로 참아줄 수 없는 것은 바로 우리 자신의 정신에 불합리한 것들이 있다는 사실일 것이다. 우리의 정신은 근거 없는 확신에 빠져 있는 의식적인 정신이 정신 자체의 존재에 따른 수수께끼를 정면으로 마주하도록 함으로써 의식적인 정신을 뒤엎어 버린다.

그림 3

그림은 촛대이기도 한 빛의 나무를 보여주고 있다. 나무의 추상적인 형태는 그것의 본질이 정신적이라는 점을 알려주고 있다. 가지들의 끝은 아마 동굴이나 지하 매장실 같은 폐쇄된 공간의 어둠을 밝히는 촛불일 것이다. 따라서 의식이 계몽되는 과정의 비밀스럽고 숨겨진 성격이 강조되고 있으며, 그 과정의 기능이 분명히 드러나고 있다.

추상적인 형태의 나무는 7개의 가지를 가진 촛대 또는 크리스마스트리를 나타내고
있다. 빛은 의식의 계몽과 확장을 상징한다.

그림 4

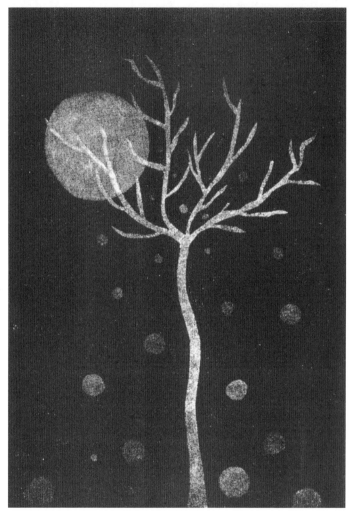

금박의 몽타주처럼 보인다. 연금술의 '황금 나무'와 우주수(宇宙樹)와 비슷하다. 황
금의 구들은 천체이다.

금박으로 되어 있음에도, 나무는 현실적이다. 나무는 여전히 겨울철의 황량함을 보이고 있으며, 잎을 다 떨어뜨리고 잠을 자는 상태이다. 나무는 우주를 배경으로 위로 자라고 있으며, 가지들에 커다란 황금 공을 달고 있다. 아마 태양일 것이다. 금은 이 그림을 그린 사람이 이 내용물과 아직 의식적이고 생생한 관계를 맺고 있지 않음에도 불구하고 그것이 대단한 가치를 지닌다는 것을 직관적으로 느끼고 있다는 점을 암시한다.

그림 5

나무는 잎이 없지만, 봄의 전령인 작은 붉은 꽃들을 피우고 있다. 가지들의 끝에 불꽃이 붙어 있고, 불은 나무가 자라고 있는 물에서 위쪽으로 혀를 날름거리고 있다. 그래서 나무는 또한 분수의 분출 같은 그 무엇이다. 분수의 상징은 연금술에 알려져 있으며, 연금술 그림에서 그것은 종종 중세의 마을 분수로 그려진다. 가운데의 곧추선 부분은 나무에 해당할 것이다. 불과 물의 결합은 상반된 것들의 통합을 표현하고 있다. 이 그림은 "우리의 물은 곧 불이니라."라는 연금술의

나무는 물에서 자라고 있다. 나무는 빨간 꽃들을 피우고 있지만, 나무는 또한 물에서 위로 혀를 날름거리고 있는 불로 이뤄져 있으며, 가지들의 끝에 불이 붙어 있다.

가르침을 뒷받침하고 있다.

그림 6

나무는 옅은 빨간색으로 그려져 있고 물에서 아래쪽과 위쪽으로 동시에 자라고 있다.

나무는 빨갛고 산호 가지처럼 보인다. 나무는 물에 비치지 않지만 아래로, 위로 동시에 자라고 있다. 그림의 아랫부분에 있는 4개의 산도 마찬가지로 그림자가 아니다. 반대편의 산은 5개이니까. 이것은 아래쪽의 세계가 위쪽 세계의 단순한 반영이 아니라 각각의 세계는 그 자체로 하나의 세계라는 것을 암시한다. 나무는 상반된 것들을 나타내는 두 개의 바위 벽 사이에 서 있다. 4개의 산은 〈그림 24〉에도 나타난다.

그림 7

나무가 아래쪽에서 위로 세차게 뻗으며 지표를 뚫고 있다.

나무는 저지 불가능한 힘으로 땅의 표면을 뚫었다. 그러면서 산만큼이나 큰 바위들을 양쪽으로 밀어올리고 있다. 이 그림 을 그린 사람은 자신의 내면에서 일어나고 있는 이와 비슷한 과정을 표현하고 있다. 그 과정은 그의 내면에서 반드시 거 쳐야 하는 코스이며, 어떤 저항에도 굽히지 않는다. 바위들 이 눈 덮인 산이기 때문에, 나무는 세계수의 우주적인 성격 을 지니고 있다.

그림 8

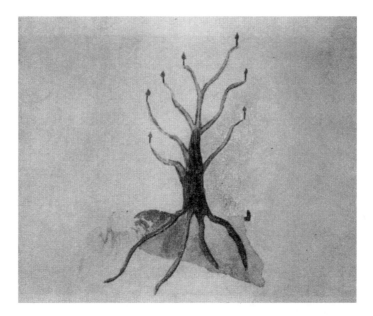

나무의 가지들은 끝에 불꽃을 달고 있으며, 나무는 어느 여자의 몸에서 자라고 있다. 이 여자는 땅과 물과 동일하다. 이 여자는 나무는 무의식에서 기원하는 어떤 과정이라는 사상을 나타내고 있다. 참고로, 멕시코의 세계수는 대지의 여신의 배에서 자란다(Lewis Spence, The Gods of Mexico, p. 58)

나무에 잎이 없지만, 가지들은 크리스마스트리처럼 끝에 작은 불꽃을 달고 있다. 나무는 땅이나 물에서 자라지 않고, 어떤 여자의 몸에서 자라고 있다. 이 그림을 그린 사람은 프로테스탄트였으며, 마리아를 땅과 '바다의 별'로 보던 중세의 상징을 잘 알지 못했다.

그림 9

11세 소년이 그린 그림이다.

나무는 늙고 거대하며 서로 뒤엉켜 뚜렷이 강조되고 있는 뿌리 위에 서 있다. 두 마리의 용이 왼쪽과 오른쪽에서 접근하고 있다. 나무에, 용들을 보기 위해 높이 올라간 소년이 있다. 헤스페리데스[2]의 나무를 지키는 용들과 숨겨놓은 보물을 지키는 뱀들이 떠오른다. 소년의 의식적인 면은 다소 불안정한 상태에 있다. 의식이 방금 획득한 약간의 안전이 무의식에 의해 다시 삼켜질 수 있기 때문이다.

무의식의 혼란은 용들의 거대함과 아이의 왜소함뿐만 아니라 뒤엉킨 뿌리에 의해서도 암시되고 있다. 나무의 성장이 인간의 의식으로부터 독립되어 있는 한, 나무 자체는 위협을 받지 않는다. 그것은 하나의 자연스런 과정이며, 그 과정을 어지럽히는 것은 위험한 일이기도 하다. 이유는 그것이 용들에 의해 지켜지고 있기 때문이다. 그러나 이것이 자연스럽고 언제나 존재하는 과정이기 때문에, 나무를 지키는 존재가 있음에도 불구하고 인간이 거길 올라갈 만큼 충분히 용기를 모을 수만 있다면, 그 과정이 인간에게 보호를 제공할 수 있다.

2 그리스 신화에, 세상의 서쪽 끝에 있는 축복받은 정원을 돌보는 님프들로 나온다.

그림 10

상반된 것들의 결합이 서로를 향해 자라고 있는 두 그루의 나무로 표현되고 있다. 게다가 두 그루의 나무는 고리로 연결되어 있다. 물속의 악어들은 서로 분리되어 있는 상반된 것들인데, 그래서 악어들은 위험하다.

다시 두 마리의 용이 보인다. 그러나 이번에는 그것들이 악어의 형태로 나타나고 있다. 나무는 추상적이고 이중적이며, 열매가 열려 있다. 나무는 이중성에도 불구하고 한 그루라는 인상을 준다. 두 나무를 결합시키고 있는 고리 외에, 그 같은 인상도 두 마리의 악어로 표현되고 있는 상반된 것들의 결합을 가리킨다. 연금술에서, 메르쿠리우스(Mercurius)³는 용뿐만 아니라 나무로도 상징된다. 메르쿠리우스는 "이중적"이기로 악명 높으며, 남성이면서 여성이며, 화학적 결혼의 히에로스가모스(hierosgamos)⁴에서 하나가 된다. 메르쿠리우스의 통합은 연금술 과정에서 중요한 부분을 이룬다.

그림 11

나무와 뱀이 똑같이 메르쿠리우스의 상징일지라도, 둘은 뱀의 이중적인 성격 때문에 두 가지 서로 다른 양상을 나타내고 있다. 나무는 수동적이고 식물적인 원리에 해당하고, 뱀

---

3   칼 융에 따르면, 연금술사들이 메르쿠리우스에 대해 말할 때 그것은 겉으로는 수은(mercury)을 뜻하지만 내적으로는 물질에 갇혀 있는, 세상을 창조하는 정령을 의미한다.

4   남신과 여신의 결합을 뜻한다.

나무의 수직적 성장이 뱀의 수평적 움직임과 대조를 이루고 있다. 뱀은 지혜의 나무에 자신의 보금자리를 마련하려 하고 있다.

은 능동적이고 동물적인 원리에 해당한다. 나무는 땅에 얽매인 신체를 상징하고, 뱀은 영혼의 감상성과 사로잡힘을 상징한다. 영혼이 없으면 육체가 죽고, 육체가 없으면 영혼은 비현실적이다. 이 그림에서 곧 일어날 둘의 결합은 육체의 고양과 영혼의 물질화를 의미할 것이다. 마찬가지로, 낙원의 나무는 최초의 부모가 원래의 어린애 같은(즉, 충만하고 완전한) 상태에서 맨 처음 빠져나올 때 그들을 기다리고 있는 현실 생활의 한 증거이다.

그림 12

가지들 사이에 있는 태양과 어울리게, 나무의 뿌리에 있는 뱀도
후광을 두르고 있다. 이것은 나무와 뱀의 성공적인 결합을 암시
한다.

나무와 뱀이 결합했다. 나무에 잎이 달려 있고, 한가운데
에서 태양이 떠오르고 있다. 나무의 뿌리는 뱀처럼 생겼다.

그림 13

나무는 5(4+1)개의 가지를 갖고 있다. 가운데 가지는 태양을 이고 있고, 다른 4개의
가지는 별을 이고 있다. 나무의 속은 비어 있으며 문으로 닫혀 있다. 새는 "열쇠를 잊
어버리고" 흐느끼고 있다.

양식화된 나무는 줄기에 숨겨진 공간으로 이어지는 문을 갖고 있는데, 지금 그 문은 닫혀 있다. 가운데의 가지는 너무도 분명하게 뱀처럼 생겼으며, 태양처럼 빛나는 물체를 이고 있다. 이 그림을 그린 사람을 나타내고 있는 멍청한 새는 문을 여는 열쇠를 잊어버리고 흐느껴 울고 있다. 새는 틀림없이 나무 안에 소중한 무엇인가가 있을 것이라고 의심하고 있다.

그림 14

이 그림과 다음 그림은 영웅 신화를 묘사한 시리즈에서 나온 것이다. 영웅은 작고 초록색이며 관을 쓴 용의 형태로 정령을 동반하고 있다. 나무는 비밀의 보물을 담고 있는 궤에서 자라고 있다.

같은 사람이 보물을 모티브로 다수의 변형을 그렸다. 이 그림과 다음 그림에서 보물 모티브는 영웅 신화의 형식을 취하고 있다. 영웅이 지하의 비밀 저장고에서 봉인된 궤를 발견하는데, 거기서 경이로운 나무가 자라고 있다. 그 영웅을 개처럼 따르고 있는 자그마한 초록색 용은 연금술사들의 심부름 정령, 즉 메르쿠리우스의 뱀 또는 초록 용에 해당한다. 이런 종류의 신화 같은 공상들은 드물지 않으며, 연금술 우화들 혹은 교훈적인 이야기들과 다소 비슷하다.

그림 15

나무는 보물을 드러내기를 원하지 않으며, 그래서 궤를 그만큼 더 꼭 쥐고 있다. 영웅이 나무를 건드리자, 거기서 그가 서 있는 쪽으로 불꽃 하나가 튀어나온다. 그것은 연금술사들의 나무처럼, 그리고 시몬 마구스(Simon Magus)[5]의 세계수처럼 불의 나무이다.

5 마법사 시몬이라고도 불린다. 시몬 마구스는 사마리아 사람으로 A.D. 1세기에 생존했던 영지주의 교부들 중 한 사람이다.

나무는 뿌리로 궤를 꼭 붙잡고 있으며, 영웅이 나뭇잎 하나를 건드리자 거기서 불꽃이 튀어나온다.

그림 16

같은 환자가 초기 단계에 그린 그림이다. 나무 뿌리에 사파이어가 숨겨져 있다.

잎이 없는 나무에 새들이 여러 마리 앉아 있다. 이것도 연금술에서 발견되는 모티브이다. 로이스너(Hieronymus Reusner: 1636-1679)의『판도라』(Pandora: 1588)에서처럼, 지혜의 나무가 많은 새들에게 둘러싸여 있거나,『데 케미아』(De Chemia: 1560년경 인쇄)에서처럼 새들이 헤르메스 트리스메기스투스(Hermes Trismegistus)[6]의 형상 주위를 날고 있다. 나무는 보물을 지키고 있는 것으로 그려지고 있다. 나무의 뿌리에 숨겨진 소중한 돌은 오크나무의 뿌리에 숨겨진 병에 관한 그림(Grimm) 형제의 동화를 떠올리게 한다. 그 병은 메르쿠리우스 정령을 담고 있었다. 돌은 짙은 청색 사파이어이지만, 그것이 교회의 비유에서 중요한 역할을 하는 '에제키엘서'의 사파이어 돌과 연결된다는 것은 이 그림을 그린 사람에게는 알려져 있지 않았다.

사파이어의 특별한 가치는 그것을 갖고 다니는 사람에게 순결과 신심, 항구성을 부여한다는 점이다. 그것은 "가슴을 진정시키는" 약으로 쓰였다. 라피스(lapis)[7]는 "사파이어 꽃"

6　그리스 신 헤르메스와 이집트 신 토트가 결합한 신 또는 반(半)신적인 존재이다. 글자 그대로의 의미는 '세 번 위대한 헤르메스'라는 뜻이고, 세 번 위대하다는 것은 연금술, 점성술, 마술에서 탁월하다는 뜻이다.
7　라틴어로 돌을 의미한다.

이라고 불렸다. 새들은 날개를 가진 존재들로서 언제나 정령이나 생각을 상징했다. 그래서 이 그림에 담겨 있는 많은 새들은 그림을 그린 사람의 생각들이 나무의 비밀, 말하자면 뿌리에 숨겨진 보물 주위를 맴돌고 있다는 것을 의미한다. 이 상징은 들판 속의 보물이나 대단히 값비싼 진주나 겨자씨앗에 관한 우화들의 밑바닥에 깔려 있다. 단지 연금술사들은 하늘의 왕국에 대해 언급하지 않고 "대우주의 경이로운 신비"에 대해 언급하고 있었으며, 그림 속의 사파이어도 비슷한 의미를 갖는 것 같다.

그림 17

이것은 같은 사람이 그린 그림이지만, 한참 뒤의 단계에, 말하자면 똑같은 생각이 다른 형태로 다시 나타날 때 그린 그림이다. 그녀의 기술적인 능력도 향상되었다. 새들이 하트 모양의 꽃으로 대체되었다. 나무가 지금 살아났기 때문이다.

4개의 가지는 사각형으로 깎은 사파이어와 조화를 이루고, 사파이어의 "불변성"은 사파이어를 감싸고 있는 작은

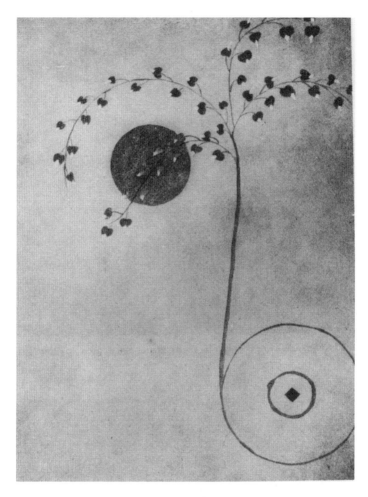

앞의 그림을 그린 환자가 그린 그림이다. 꽃을 활짝 피운 나무가 태양 원반을 가진 상태에서 마법의 원에서 자라고 있다. 마법의 원은 한가운데에 사파이어를 두고 있는 우로보로스를 둘러싸고 있다.

우로보로스(uroboros)[8]에 의해 강조되고 있다. 호라폴로(Horapollo)[9]의 글에서, 우로보로스는 영원을 뜻하는 상형문자이다.

연금술사들에게 자신을 삼키는 용은 자기 자신을 스스로 낳기 때문에 자웅동체였다. 따라서 사람들은 사파이어 꽃(즉, 라피스)을 "자웅동체 사파이어 꽃"이라고 불렀다.

불변성과 영원성은 나무의 나이뿐만 아니라 나무의 열매, 즉 라피스에서도 표현되고 있다. 하나의 열매처럼, 라피스는 동시에 씨앗이다. 연금술사들은 "곡물의 씨앗"은 땅에서 죽는다는 점을 끊임없이 강조하지만, 라피스는 씨앗 같은 성격을 가졌음에도 불구하고 부패하지 않는다. 라피스는, 인간이 그러는 것처럼, 계속 죽어가고 있으면서도 영원한 어떤 존재를 나타낸다.

8   꼬리를 삼키는 자라는 뜻이며, 주로 자기 꼬리를 물고 삼키는 뱀이나 용의 형상으로 그려진다.

9   'Hieroglyphica'라는 제목의 논문을 쓴 저자로 여겨진다. A.D. 5세기의 사람으로 짐작된다.

그림 18

우주수가 땅에 붙잡혀 위로 자라지 못하고 있다.

이 그림은 나무가 우주적인 성격을 갖고 있음에도 불구하고 땅으로부터 스스로를 일으켜 세우지 못하고 있는 초기 상태를 보여주고 있다. 이것은 퇴행적인 발달이 나타나고 있는 예이다. 이유는 아마 나무가 땅에서부터 이상한 천문학적, 기상학적 현상으로 가득한 우주 공간 속으로 성장하는 타고난 경향을 갖고 있음에도 불구하고, 그 성장이 이 세상과 다른 무시무시한 세상에 닿아서, 지구에 사는 자연인의 합리성에 무섭게 다가오는 다른 세상의 것들과 접촉해야 한다는 것을 의미하기 때문이다.

위쪽을 향하는 나무의 성장은 그 자연인이 땅에서 살면서 누릴 안전을 위협할 뿐만 아니라 그의 도덕적, 정신적 타성에도 위협이 될 것이다. 왜냐하면 그 성장이 그를 다시 적응하는 데 상당한 노력이 요구되는 그런 새로운 시대와 새로운 차원으로 데려갈 수 있기 때문이다.

이런 상황에 처한 환자는 단순히 소심함 때문에 주저하고 있는 것이 아니라 꽤 합당한 두려움 때문에 주저하고 있다. 그 같은 성장이 그에게 미래에 많은 것을 강력히 요구할 것처럼 보이는데, 그가 그 요구들이 어떤 것인지를 모를 뿐만 아니라 그 요구를 충족시키지 못하는 경우에 어떤 위험이 따르게 될 것인지도 모르고 있으니 말이다. 그의 불안한 저항과 혐오는 근거 없어 보이며, 그가 그런 불안과 혐오를 합리화하면서 물리치는 것은 아주 쉬운 일이다. 약간의 도움만 받으면 징그러운 벌레를 떼어내듯 완전히 씻어낼 수 있는 것이다. 그 결과가 바로 이 그림이 보여주는 그런 정신적 상황이다. 말하자면, 단단한 땅을 점점 더 심한 소란 속으로 몰아넣을 것이 틀림없는, 안쪽으로의 성장이다.

이어서 부차적인 공상들이 일어난다. 환자의 성향에 따라 성욕이나 권력욕, 아니면 두 가지 요소 모두와 관련 있는 공상이다. 이것은 조만간 신경증 징후들의 형성으로 이어지며, 그러면 환자나 분석가나 똑같이 이 공상들을 진지하게 받아들이고 싶다는 유혹에 직면하게 된다. 이때 유혹에 넘어가면 환자와 분석가는 똑같이 진정한 과제를 간과하게 된다.

그림 19

다른 환자가 그린 이 그림은 〈그림 18〉이 특이한 것이 아니라는 점을 보여주고 있다. 그러나 이 그림은 더 이상 무의식적 퇴행의 예가 아니며, 의식적인 것으로 변화하고 있는 퇴행이다. 나무의 꼭대기가 인간의 머리인 이유가 바로 거기에 있다. 이 그림을 근거로, 마녀 같은 나무의 요정이 땅을 붙잡고 있는지 아니면 땅으로부터 마지못해 일어서고 있는지를 알기는 어렵다. 이것은 환자의 의식이 분리되어 있는 상태와 완전히 일치한다. 그러나 주변에 곧게 서 있는 나무들은 그녀가 자신의 안이나 밖에서 나무들이 성장하는 방식을 보여주는 생생한 예들을 알아차렸다는 사실을 보여주고 있다. 그

똑같이 퇴행적인 상태(다른 사람이 그렸다)이지만, 보다 큰 의식을 수반하고 있다.

녀는 나무를 마녀로 해석하고, 퇴행적인 성장을 불길한 성격
의 마법적 효과들의 원인으로 해석했다.

나무는 산 정상에 외따로 우뚝 서 있다. 나무는 잎이 무성하
며, 줄기 안에 여러 가지 색깔의 보자기에 인형이 하나 싸여
있다. 이 그림을 그린 사람은 할리퀸[10] 모티브를 떠올렸다. 광
대의 알록달록한 옷은 그녀가 광적이고 불합리한 무엇인가
를 다루고 있는 것으로 느끼고 있다는 점을 보여준다. 그녀
는 피카소(Pablo Picasso)에 대해 생각한 것을 의식하고 있
었다. 피카소의 스타일은 할리퀸의 의상에 의해 분명하게 암
시되고 있다.

  그 연상은 아마 보다 깊은 의미를 지닐 것이며 단순히 생
각들이 표면적으로 결합한 것은 아니다. 앞에서 본 두 점의
그림에서 퇴행적인 발달을 이끈 것도 이와 똑같은 불합리한
인상이었다. 세 점의 그림 모두가 현대적인 정신이 극히 불
안하게 받아들이는 어떤 과정에 관한 것이다. 나의 환자들
중에서도 적지 않은 사람들이 자신의 정신적 내용물이 그런
식의 무의식적 발달을 보이지 않을까 하는 두려움에 대해 공
개적으로 고백했다. 그런 경우에 누군가가 환자에게 너무나

---

10 알록달록한 무늬의 옷을 입은 중세 무언극의 어릿광대를 말한다.

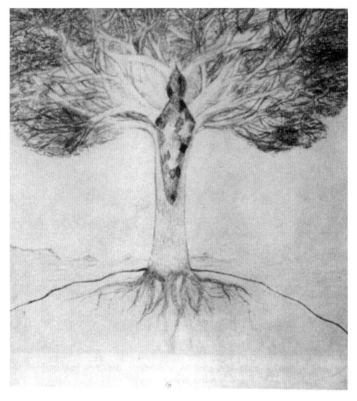

나무는 우주적인 성격을 띠고 있으며, 줄기 안에 다양한 색깔의 인형이 하나 숨겨져 있다.

특별해 보이는 그 경험들의 역사성을 보여줄 수 있다면, 그 것이 치료적으로 아주 중요한 가치를 지닌다.

어떤 환자가 자신의 내적 발달의 불가피성을 느끼기 시작 할 때, 그 환자는 자신이 더 이상 이해하지 못하는 어떤 광기 속으로 무력하게 미끄러져 들어가고 있다는 끔찍한 공포에 쉽게 압도될 것이다. 그런 경우에 나는 몇 번이고 서가에서 책을 뽑고, 옛날의 연금술사들을 불러내서, 나의 환자에게 그가 겪고 있는 끔찍한 공상이 400년 전에 어떤 형식으로 일어났는지를 보여줘야 한다. 이것이 환자를 차분히 안정시키는 효과를 발휘한다. 왜냐하면 환자가 그제야 자신이 아무도 이해하지 못하는 이상한 세계에 홀로 있는 것이 아니라 인류 역사의 위대한 흐름의 일부를 이루고 있다는 것을 확인하게 되기 때문이다. 인류 역사는 나의 환자가 광기를 보여주는 병적인 증거로 보았던 그것을 수도 없이 많이 경험했으니 말이다.

그림 21

앞의 그림에 있었던 인형은 곤충의 유충처럼 변태를 거치고 있는, 잠자는 어떤 인간 형상을 포함하고 있었다. 여기서도 마찬가지로 나무는 줄기 안에 숨어 있는 어떤 인간 형상에게 어머니 역할을 하고 있다. 이것은 나무의 전통적인 모성적 의미와 일치한다.

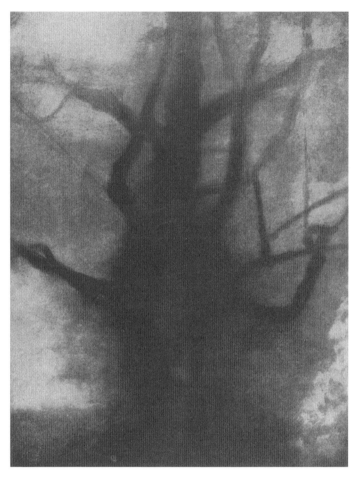

다른 환자가 똑같은 모티브를 그렸다. 잠자고 있는 형상이 지금 흐릿하게 보인다.

그림 22

숨겨져 있던 형상이 잠에서 깨어나며 나무에서 밖으로 반쯤 나왔다. 뱀이 그녀의 귀에 대고 속삭이고 있다. 새와 사자, 어린 양, 돼지가 낙원의 장면을 완성시키고 있다.

발달이 한 단계 더 이뤄졌다. 잠자던 형상이 깨어나 나무에서 나와서 동물의 세계와 접촉하고 있다. 따라서 "나무에서 태어나는" 것은 자연의 아이로 여겨질 뿐만 아니라 땅에서 나무처럼 성장하는 자생적인 원초적 존재로 여겨지기도 한다. 나무의 요정은 아담의 옆구리로부터 생기지 않고 독립적으로 존재한, 이브 같은 존재이다. 이 상징은 틀림없이 극단적일 만큼 문명화된 인간의 편파성과 부자연성뿐만 아니라 구체적으로 이브를 부차적인 존재로 창조했다는 성서의 신화를 보상하려는 의도를 갖고 있다.

그림 23

나무 자체가 인간의 형태이며 태양을 붙잡고 있다. 뒤쪽에 곡선인 피의 밴드
가 있으며, 피는 섬을 둘러싸고 율동이 느껴지게 부풀어 오르고 있다.

나무 요정은 태양을 붙잡고 있으며 빛으로 이뤄진 형상이다. 배경 속의 곡선의 띠는 붉으며, 변형의 숲 주위를 흐르는 살아 있는 피로 이뤄져 있다. 이것은 변형이 단순히 비현실적인 공상이 아니라 신체 영역 깊숙한 곳까지 닿거나 심지어 그곳으로부터 올라오는 어떤 과정이라는 점을 암시한다.

그림 24

이 그림은 앞의 그림들에 나오는 다양한 모티브를 결합시키고 있지만, 하나의 콰테르니티로 나타난 빛 또는 태양의 상징을 특별히 강조하고 있다. 이 상징은 4개의 강으로부터 물을 공급받고 있으며, 각각의 강은 다른 색깔로 그려져 있다. 강들은 환자가 4개의 천상의 산 또는 "형이상학적" 산이라고 부르는 곳으로부터 아래로 흐른다. 〈그림 6〉에서 이미 4개의 산을 만났다. 그 산들은 또 내가 『심리학과 연금술』에서 언급한 어느 남자 환자의 그림에도 나타난다. 나는 연금술이나 영지주의, 신화의 분야에서 콰테르니티에 대해 특별히 신경을 쓰지 않듯이 여기서도 마찬가지로 숫자 4에 특별히 관심을 두지 않는다.

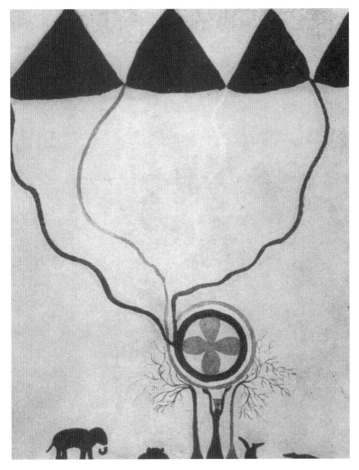

<그림 13>부터 <그림 17>까지의 그림을 그린 사람이 그린 그림이다. 어떤 여자 형성이 나무의 자리를 차지했다. 태양 원반은 지금 개성화의 상징이며, 4개의 산에서 아래로 흐르고 있는 4가지 색깔의 강들이 콰테르니티(quaternity)[11]의 특징을 보이고 있다. 여자 형상 양옆에 마찬가지로 4마리의 동물이 있다. 이 장면은 낙원처럼 보인다.

11 4개가 하나의 조를 이루는 것을 말한다.

나를 비판하는 사람들은 내가 숫자 4를 특별히 좋아해서 어디서나 그것을 발견한다는 식의 재미있는 생각을 품고 있는 것 같다. 그런 사람들은 딱 한 번만 연금술 관련 논문을 들여다보기만 하면 된다. 그런데 그것 자체가 꽤 많은 노력을 요구한다. "과학적인" 비판이 90% 편견이기 때문에, 사실들이 인정을 받기까지는 당연히 매우 오랜 시간이 걸리게 되어 있다.

　숫자 4는 원을 정사각형으로 만드는 것과 같이 우연이 아니다. 나의 비판자들에게도 잘 알려진 예를 하나 제시하면, 그것이 3개나 5개의 방향이 아니라 정확히 4개의 방향이 있는 이유이다. 말이 나온 김에 하는 말인데, 숫자 4는 이것 외에 특별한 수학적 특성들을 갖고 있다. 우리 그림 속의 콰테르니티 요소들은 빛의 상징을 강조할 뿐만 아니라, 그 상징이 의미하는 바를 보지 않기가 불가능한 방식으로 그 상징을 증폭시키고 있다. 그 상징은 작은 여자의 형상이 전체를 받아들이고, 자기를 직관적으로 이해한다는 것을 의미한다.

그림 25

나무는 뱀에 감긴 여자의 형상이며, 빛으로 된 두 개의 구(球)를 들고 있다. 기본 방위는 옥수수의 속대와 4마리의 동물로 표시되고 있다. 새와 거북, 사자, 메뚜기가 보인다.

여기서는 보다 뒤의 단계를 보여주고 있다. 여자의 형상은 더 이상 빛의 상징을 받거나 지고 있는 존재가 아니며 상징 속으로 끌려들어가 있다. 인격이 그 전의 그림에서보다 더 강하게 영향을 받고 있다. 이것이 자기와 동일시할 위험을 높이는데, 이 위험을 결코 가볍게 받아들여서는 안 된다.

그런 발달의 단계를 거친 사람은 누구나 자기와의 결합에서 자신의 경험과 노력의 목표를 확인하고 싶은 유혹을 느낄 것이다. 정말로, 이를 암시하는 선례들이 있으며, 이 환자의 경우에도 그런 일이 가능하다.

그러나 이 그림을 그린 사람이 자아와 자기를 구분하도록 하는 요소들이 그림 안에 있다. 그녀는 푸에블로 인디언의 신화의 영향을 받은 미국 여인이다. 옥수수 속대들은 여자의 형상을 여신으로 나타내고 있다. 그녀는 한 마리의 뱀에 의해 나무에 묶여 있으며, 따라서 십자가에 못 박힌 예수와 비슷한 모습을 연출하고 있다. 예수가 자기로서 땅 위의 인간을 위해 희생되었으니 말이다. 프로메테우스가 바위에 사슬로 묶였던 것처럼. 완전성을 성취하려는 인간의 노력은, 신에 관한 신화가 보여주듯이, 자기를 세속적 존재의 속박에 자발적으로 희생시키는 것이나 마찬가지이다.

그렇다면, 이 그림에 신에 관한 신화의 요소들이 아주 많다. 그렇기 때문에 환자의 의식이 완전히 맹목적이지 않다면(그런 표시는 전혀 없다), 그녀는 자아와 자기를 쉽게 구분할 수 있다. 이 단계에서, 어떤 팽창에 굴복하지 않는 것이 중요하다. 만약에 그녀가 자기가 인식 가능하게 되는 순간에 자기와 동일시하면서 자신이 획득한 통찰을 보지 못하게 된다면, 다시 말해 의식의 팽창이 일어난다면, 매우 불쾌한 결과가 불가피해진다. 만약에 자기와 동일시하려는 자연스런 충동이 인식된다면, 그때 그 사람은 그야말로 자신의 무의식의 상태로부터 해방될 수 있는 절호의 기회를 누린다. 그러나 만약에 이 기회가 간과되거나 이용되지 않는다면, 상황은 그 전과 같지 않으며 인격의 분열을 수반하는 퇴행이 일어나게 된다. 그러면 자기의 실현이 야기할 수 있는 의식의 발달이 거꾸로 퇴행으로 바뀌고 만다. 나는 이 실현이 지적인 행위가 아니라 주로 도덕적인 행위라는 점을 강조해야 한다. 이 도덕적인 행위에 비하면 지적인 이해는 부차적인 중요성을 지닐 뿐이다. 이런 이유 때문에, 내가 설명한 징후들은 운명이 안긴 어떤 과제를 자신이 인정하지 않을 열등한 동기에서 거부하는 환자들에게서도 관찰될 수 있다.

여기서 나는 추가적인 어떤 특이성에 관심을 기울여 달라고 부탁하고 싶다. 나무에 잎이 하나도 없고, 나무의 가지들이 뿌리가 될 수도 있다는 점 말이다. 나무의 생명력은 모두 중앙으로, 그러니까 나무의 꽃과 열매를 나타내고 있는 인간의 형상으로 집중되고 있다. 따라서 뿌리가 위에도 있고 밑에도 있는 사람은 위로 또 아래로 성장하는 나무와 비슷하다. 목표는 높이도 아니고 깊이도 아니고 중앙이다.

그림 26

앞의 그림에서 발달한 생각이 약간 변형된 형태로 여기에 다시 나타나고 있다. 이 생각은 정말로 스스로 표현하고 있다고 할 수 있다. 이유는 환자의 의식적인 정신이 오직 그림 그리는 행위를 통해서 점진적으로 모습을 갖춰가고 있는 어떤 막연한 감정을 따르고 있기 때문이다. 그 여자 환자는 자신이 표현하고자 하는 것을 미리 명확하게 밝힐 수는 없었을 것이다.

그림의 구조는 4개로 나뉜 하나의 만다라이다. 한가운데가 아래쪽으로 형상의 발밑으로 옮겨졌다. 여자 형상은 윗부

나무 대부분이 여자의 형상으로 대체되었으며, 아랫부분은 십자가의 형태를 취하고 있다. 아래쪽은 땅이고, 하늘에 무지개가 떠 있다.

분에 서 있으며, 따라서 빛의 영역에 속한다. 이 만다라는 곧 추선 기둥의 긴 부분이 가로대 아래에 있는, 전통적인 기독교 십자가를 거꾸로 돌려놓은 것이다.

이 그림을 근거로, 우리는 자기가 무엇보다 먼저 이상적인 어떤 빛의 형상으로 실현되었다고 결론을 내릴 수 있다. 그럼에도 불구하고, 이 이상적인 형상은 기독교 십자가를 거꾸로 뒤집어놓은 형태를 취하고 있다. 기독교 십자가의 교차점은 꼭대기에 가깝고, 그래서 중앙을 향한 무의식적 분투의 목표가 위쪽으로 옮겨지는 반면에, 아래쪽을 향하고 있는 이 형상의 시선은 그녀의 목표가 아래에 있어야 한다는 것을 보여주고 있다.

빛의 십자가의 기둥 중에서 짧은 부분은 검은 땅에 놓여 있고, 여자 형상은 왼손에 어둠의 영역에서 끌어낸 검은 물고기를 쥐고 있다. 왼쪽(즉, 무의식)으로부터 오고 있는 물고기 쪽으로 향하는 오른손의 망설이는 듯한 제스처는 신지학을 공부했고 따라서 인도의 영향을 받은 환자의 특징이다. 물고기는 기독교에서나 인도(마누[12]의 물고기로서, 그리고

12 힌두 신화에서 인류의 시조로 여겨진다.

비슈누[13]의 화신으로서)에서나 똑같이 구원의 의미를 지닌다. 환자가 "물고기들 사이에서 나는 마카라[14]이니라."(10장 31절)라고 말하는 『바가바드 기타』(Bhagavad Gita)를 잘 알고 있었다고 짐작할 이유가 있다(〈그림 29〉 참조). 마카라는 돌고래 또는 리바이어던의 일종이고, 탄트라 요가에서 스바디스타나 차크라[15]의 상징들 중 하나이다. 이 차크라는 방광에 자리 잡고 있으며, 물고기와 달의 상징들에 의해 물의 영역으로 규정되고 있다. 차크라들은 이전에 의식이 자리 잡았던 위치에 해당하는데, 스바디스타나는 아마 의식이 가장 초기에 자리 잡았던 곳일 것이다. 이 영역으로부터 물고기 상징이 오래된 물고기의 정령과 함께 온다. 우리는 "창조의 날들"을, 말하자면 의식이 일어났던 시기를 떠올리고 있다. 그때 존재의 시원적인 통합이 생각의 방해를 받는 일은 거의 없었으며, 인간은 한 마리 물고기처럼 무의식의 대양을 헤엄치고 있었다. 이런 측면에서 물고기는 충만한 천국의 상태의

13 힌두 신화에서 브라흐마(창조의 신)와 시바(파괴의 신)와 함께 3대 신의 하나(보존의 신)이다.

14 힌두 신화에서 바다 생명체를 일컫는다.

15 인간 개인의 개성을 만들어내는 장소이며, 쿤달리니(인간 안에 잠재해 있는 우주 에너지)가 상승하는 순서로 치면 두 번째에 해당하는 차크라이다.

복구를, 티베트 불교의 언어를 빌리면 바르도(Bardo)[16]의 복구를 의미한다.

여자 형상의 발에 있는 식물들은 정말로 대기에 뿌리를 내리고 있다. 나무와 나무 요정, 식물들은 모두 땅에서 들려 있거나, 아마 땅으로 내려오고 있을 가능성이 더 크다. 이것은 또한 물고기에 의해 깊은 곳의 사자(使者)로 암시되고 있다. 나의 경험에 비춰볼 때, 평범한 상황이 아니며, 이유는 아마 신지학의 영향 때문일 것이다. 의식적인 정신을 이상적인 개념들로 채우는 것이 서양 신지학의 두드러진 특징이지만, 신지학은 그림자와 어둠의 세계를 직시하지 않는다. 사람은 빛의 형상들을 상상하는 것으로는 계몽되지 않으며 어둠을 의식적인 것으로 만듦으로써만 계몽된다. 그러나 어둠을 의식으로 만드는 절차는 불쾌하며 따라서 인기가 없다.

16 죽음과 부활 사이의 중간 단계를 말한다.

그림 27

나무는 선사시대 망초들의 숲에 서 있다. 나무는 4개의 인간의 머리를 달고 있는 꽃받침으로부터 (여섯 번째 단계에서) 꽃의 암술처럼 자라고 있다. 여자의 머리가 꽃잎으로부터 나오고 있다.

나무 또는 연꽃으로부터 신의 탄생이라는 원형적인 범주에 속할지라도, 이 그림은 앞의 그림과 달리 철저히 서양적이다. 석탄기의 식물 세계는 이 그림을 그린 여자가 자기의 탄생에 대해 직관적으로 이해할 때 그녀가 어떤 마음 상태에 있었는지를 보여주고 있다. 옛날의 식물로부터 성장하고 있는 인간 형상은 그 바닥에 있는 4개의 머리들의 결합과 핵심을 나타내고 있다. 이것은 라피스는 4가지 원소들로 이뤄져 있다는 연금술의 관점과 일치한다. 원형에 대한 자각이 그 경험을 원시적인 성격으로 물들이고 있다. 식물을 여섯 개의 부분으로 구분하는 것은 공상의 영역에서 많은 것이 그렇듯이 순수하게 우연일 수 있다. 그럼에도 불구하고, 숫자 6(세나리우스)은 고대에 "발생에 가장 적절한 것"으로 여겨졌다.

그림 28

나무 관을 쓰고 있는 여자의 형상은 앉은 자세이다. 다시 아래쪽으로 이동이 일어났다. 이전에 그녀의 발 저 아래에 있던 검은 땅이 지금은 하나의 검은 공으로 그녀의 안에 있다. 바로 마니푸라 차크라 영역이며, 이것은 태양신경총과 일치한다. (연금술에서 이것과 비슷한 것은 "검은 태양"이다.) 이것은 검은 원리, 즉 그림자가 통합되어 지금은 육체

<그림 26>을 그린 환자가 그린 그림이다. 여자의 머리에서 자라고 있는 잎들을 나는 새들이 둘러싸고 있다.

안에서 하나의 센터로 느껴지고 있다는 것을 의미한다. 아마 이 통합은 감사를 나타내는, 물고기의 의미와 연결될 것이다. 물고기를 먹는 것이 신과의 신비적 참여(participation mystique)[17]를 초래하니 말이다.

많은 새들이 나무 주위를 날고 있다. 새들이 날개 달린 생각들을 나타내기 때문에, 중심이 아래쪽으로 이동함에 따라 여자가 점진적으로 생각의 세계로부터 스스로를 분리시킬 것이고, 따라서 생각들이 각자의 타고난 원소들로 돌아갔다고 우리는 결론 내려야 한다. 이전에 그녀와 그녀의 생각들은 동일했다. 그 결과, 그녀는 마치 하늘을 나는 존재인 것처럼 땅 위로 들렸던 반면에, 그녀의 생각들은 공중에 떠 있는 한 인간의 전체 무게를 떠받쳐야 했기 때문에 그만 비행의 자유를 잃어버리고 말았다.

---

17 칼 융이 프랑스 인류학자 뤼시앙 레뷔 브륄(Lucien Lévy-Bruhl)이 제시한 개념에서 차용한 것으로, 투사를 통해 이뤄지는 동일시를 가리킨다.

그림 29

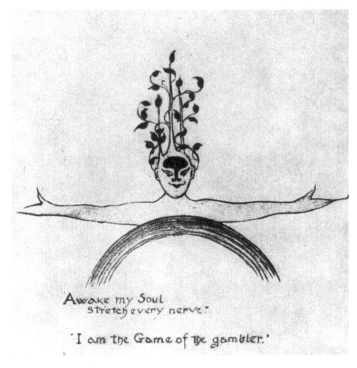

Awake my Soul
Stretch every nerve.

"I am the Game of the gambler."

같은 환자가 그린 그림이지만, 여기서 나무는 무지개 위로 솟아오르고 있는 어떤 남자의 머리에서 자라고 있다.

생각의 세계로부터 분리되는 과정이 계속되고 있다. 틀림없이 갑자기 깨어났을 남자 악령이 승리의 의기양양한 분위기 속에서 모습을 드러내고 있다. 그는 아니무스, 그러니까 어떤 여자의 내면에서 일어나는 남성적인 사고(그리고 대체로 그녀의 남성적인 측면)의 화신이다. 이전에 환자가 처했던, 공중에 떠 있는 상태가 아니무스에게 사로잡힌 상태였던 것으로 드러난다. 지금은 그 사로잡힘의 상태에서 벗어났다. "나는 도박꾼의 사냥감이다"라는 문장은 아마 『바가바드 기타』 10장 36절 "나는 주사위 게임의 사냥감이다"를 언급하고 있을 것이다. 크리슈나[18]는 자기 자신에 대해 그렇게 말한다. 그 문장이 들어 있는 부분(10장 21-21절)은 이런 말로 시작한다. "오, 구다케샤[19]여! 나는 모든 존재들의 가슴에 자리 잡고 있는 자기라오. 나는 모든 존재들의 시작이고 중간이고 끝이라오. 나는 아디티야[20]들 사이의 비슈누이고, 발광체들 사이의 밝은 태양이라오."

크리슈나처럼, 아그니[21]는 『야주르 베다』(Yajur-Veda)의 '샤타파타-브라흐마나'(Shatapatha-Brahmana)에서 주사위 게임의 사냥감이다. "그(아드바르유[22])가 '사바하[23]'에 의

---

18 힌두교 신화의 중요한 신이며, 『바가바드 기타』의 주인공이다.
19 잠을 정복한 존재라는 뜻을 가졌다.
20 무한을 상징하는 여신 아디티의 후손을 말한다.
21 힌두교의 불의 신.
22 힌두교 사제 계급 중에서 제식을 진행하는 사제를 말한다.
23 힌두교에서 불의 신 아그니의 부인으로 여신이다.

해 신성해지고, 수리야[24]의 광선들의 힘을 받아 형제들 중에서 가장 가운데 자리를 차지하라!'는 말과 함께 주사위를 던진다. 그 놀이에서 땅은 '넉넉한 아그니'와 같고, 주사위들은 그의 숯들이고, 따라서 그가 그 일로 기쁘게 하는 것은 그(아그니)이다."

두 텍스트는 똑같이 신뿐만 아니라 빛과 태양과 불을 주사위 놀이와 연결시킨다. 마찬가지로, 『아타르바 베다』(Atharva-Veda)[25]는 "전차(戰車)에, 주사위에, 수소의 힘에, 바람에, 파르지니야[26]에, 그리고 바루나[27]의 불에 있는 광휘"에 대해 말하고 있다. 여기서 말하는 "광휘"는 원시인의 심리에서 '마나'[28]로 알려진 것에, 또 무의식의 심리학에서 "리비도 투입"이나 "감정적 가치" 또는 "감정 톤"으로 알려져 있는 것에 해당한다. 원시적인 의식(意識)에 결정적으로 중요한 요소인 감정적 격렬성이라는 측면에서 본다면, 더없이

---

24 태양을 뜻하는 산스크리트어 단어.

25 '리그 베다'와 '우파니샤드'를 연결하는 시기인 B.C. 1,000년경에서 B.C. 800년 사이에 형성된 베다의 마지막 삼히타이다.

26 '베다'에 따르면, 바람과 천둥과 번개의 신이다.

27 힌두교에서 창공과 물의 신이다.

28 태평양 제도의 원주민들이 믿는 초자연적인 힘을 말한다.

이질적인 것들, 이를테면 비와 폭풍과 불, 수소의 힘, 그리고 열을 뿜는 주사위 놀이 등이 동일할 수 있다. 감정적 격렬성에서 보면, 사냥감과 도박꾼은 일치한다.

이 생각의 기차는 해방과 구원을 표현한 그 그림의 분위기를 설명하는 데 도움을 줄 것이다. 환자는 분명히 이 순간을 신성한 수호신의 호흡으로 느꼈다. 『바가바드 기타』의 텍스트가 분명히 밝히고 있듯이, 크리슈나는 자기이며, 환자의 아니무스는 자기와 동일시하고 있다. 어두운 측면, 즉 그림자가 충분히 인식되지 않을 때, 이 같은 동일시가 쉽게 일어난다. 모든 원형과 마찬가지로, 아니무스는 야누스의 얼굴을 갖고 있으며, 그 외에도 아니무스는 단순히 하나의 남성적 원리라는 한계를 갖고 있다. 그러므로 아니무스는 신의 완전성이나 자기의 완전성을 나타내기에 상당히 부적합하다. 아니무스는 중간의 위치에 만족해야 한다. 그러나 인도 신지주의의 특징인 일반화는 환자가 일종의 심리적 지름길을 걸으며 아니무스를 적어도 잠정적으로 완전성과 동일시하면서 아니무스를 자기의 자리에 놓도록 부추겼다.

그림 30

<그림 2>를 그린 환자가 그린 그림이다. 여러 가지 색깔의 밴드를 늘어뜨리고 있는 어떤 구(球) 위에 양식화된 세계수가 서 있다. 줄기는 악마 같은 남성의 형상이며, 거기엔 위에서부터 아래로 내려오고 있는 새가 한 마리 있으며 남근의 상징이 아래에서 위로 올라오고 있다.

<그림 29>와 똑같은 모티브가 여기선 <그림 2>를 그린 사람에 의해 분화된 형태로 제시되고 있다. 양식화된, 잎이 없는 나무는 대단히 추상적이며, 수도사의 복장을 한 난쟁이 같은 형상도 마찬가지로 매우 추상적이다. 옆으로 펼친 팔은 균형과 십자가 모티브를 표현하고 있다. 형상의 모호성은 한편으로 위에서 내려오고 있는, 환상적인 꽃처럼 그려진 새에 의

해서, 다른 한편으로 밑의 뿌리에서 솟고 있는, 틀림없이 남근을 상징하는 화살에 의해 강조되고 있다. 따라서 악마는 지성과 성욕의 결합뿐만 아니라 왼쪽과 오른쪽의 균형을 나타내고 있다. 그것은 연금술의 이중적인 메르쿠리우스가 라피스의 형태로 4가지 원소들로 구성된 하나의 콰테르니티인 것과 똑같다. 구(球)의 위에서 아래로 흘러내리고 있는 줄무늬 밴드는 내가 '개성화 과정에 관한 연구'에서 논했던 수은 밴드를 떠올리게 한다. 거기서 환자 자신이 그것을 수은으로 보았다.

연금술의 메르쿠리우스라는 개념은 전적으로 남자의 심리에서 나온 것으로, 남자의 내면에서 일어나는 누스(Nous)[29]와 섹스 사이의 전형적인 대립을 상징하는데, 이 대립은 둘을 결합시킬 여성적인 에로스의 부재로 인해 생긴다. 그림 속의 아니무스 형상은 개성화 과정에 어느 여자의 정신에서 나온, 순수하게 남성적인 심리의 한 조각이다.

---

29 이성이나 지성, 정신, 영혼 등을 뜻하는 그리스어.

그림 31

같은 환자가 그린 그림이다. 나무가 연꽃으로 변했다. 연꽃 안에 난쟁이 같은 형상이 들어 있다. 난쟁이의 머리는 꽃 같은 센터를 가진 만다라에 둘러싸여 있으며, 그 센터를 화환 또는 광환(光環)이 감싸고 있다.

앞의 그림을 그린 환자가 윤색한 그림이다. 나무는 꽃을 피우고 있는 한 그루의 연으로 변했다. 거기 꽃 속에 난쟁이 같은 형상이 앉아 있다. 이 장면은 연이 신들의 출생지라는 점을 상기시킨다. 이 2개의 그림에서 동양의 영향이 분명히 드러나지만, 그 영향은 우리가 〈그림 28〉과 〈그림 29〉에서 만났던 것과 다른 종류의 영향이다. 그것은 서양에서 배우고 모방한 인도 신지학의 문제가 아니다. 이유는 현재의 환자가 동양에서 태어났고 신지학을 의식적으로 배운 적이 없기 때문이다. 그러나 내적으로 보면 그녀는 신지학에 너무나 철저히 젖어 있기 때문에 그것이 그녀의 정신적 균형에 매우 부정적인 영향을 미쳤다.

이 그림에서 악령은 눈에 띄게 뒷자리를 차지했지만, 나무의 왕관은 풍성한 발달을 거쳤다. 잎과 꽃이 나타나면서 꽃처럼 생긴 센터를 중심으로 화환을, 광환을 형성하고 있다. 연금술사들은 완벽의 한 상징으로 '광환' 또는 '당신 가슴의 왕관'이라는 표현을 썼다. 그림에서 왕관은 나무로 상징되는 발달 과정의 정점으로 나타나고 있다. 왕관은 만다라의 형태를, 중국 연금술의 "황금 꽃"과 서양 연금술의 사파이어 꽃의 형태를 취했다. 아니무스는 더 이상 자기의 자리를 빼앗지 않고 자기에게 초월 당한다.

그림 32

여기서 다시 나무가 꽃처럼 그려지고 있으며, 나무는 다수의 상반된 것들의 결합을 상징적으로 나타내고 있다. 아래쪽에 백조와 고양이 같은 생명체들이 있다. 그리고 아담과 이브가 부끄러워 얼굴을 숨기고 있으며, 물고기를 물고 있는 물총새와 3개의 머리를 가진 뱀이 보인다. 한가운데에 '에제키엘서'의 네 천사들이 있으며, 그들의 옆에 태양과 달이 있다. 왕관을 쓴 소년이 들어 있는 빛의 꽃도 있다. 꼭대기에 빛나는 알과 관을 쓴 뱀이 있고, 2개의 손이 물병의 물을 붓고 있다.

이 그림은 약간의 망설임 끝에 소개하기로 결정했다. 왜냐하면 환자가 읽었거나 풍문으로 들은 것의 영향을 받는지 여부를 기준으로 판단할 때, 다른 그림들과 달리, 이 자료는 "순수하지" 않기 때문이다. 그럼에도 불구하고, 이 자료가 자연스럽게 나왔고 또 다른 자료들과 마찬가지로 그 사람의 내면의 경험을 표현하고 있다는 점에서 보면, 이것도 똑같이 "신뢰할" 만하다. 단지 환자가 자신의 주제에 더 잘 맞는 아이디어들을 이용할 수 있기 때문에 자신의 경험을 훨씬 더 생생하게 그리고 있을 뿐이다. 따라서 이 그림은 내가 다른 곳에서 논한 바가 있는 관계로 여기서는 굳이 논하고 싶지 않은 자료들을 아주 많이 결합시키고 있다. 어쨌든 나무의 실제 구성은 독창적이다. 나는 상징에 관한 지식이 이런 그림에 어떤 종류의 영향을 미치는지를 보여주기 위해 이 그림을 소개했다.

나는 일련의 그림들에 관한 논의를, 자연발생적인 나무 상징을 보여주는 문학의 한 예를 보여주는 것으로 끝내려 한다. 나 자신이 개인적으로 알지 못하는 프랑스 현대 시인 노엘 피에르(Noël Pierre)는 시 '검은 태양'(Soleil Noir)에서 무의식의 진정한 경험을 묘사했다.

이어서 나는 어쩌다 바위의 돌출부를 맞닥뜨렸네.

거기서부터 안개 가득한 구멍이 입을 쩍 벌리고 있더군.

빽빽한 군중이 그곳으로 서둘러 가고 있었지

사방에서. 나도 그들 틈에 섞였다네.

나는 우리가 나선형으로 선회하고 있다는 것을 눈치 챘다네.

깔때기처럼 생긴 것 속의 소용돌이가 우리를 안으로 빨아들

이더군.

중앙에, 거대한 개오동나무가 한 그루 있었지.

그 위에 죽은 자의 심장들이 걸려 있었고

가지마다 키 작은 현자가 자리 잡고서는

나를 보더니 눈을 깜박거리더군.

… … …

밑바닥에 작은 늪들이 널리 펼쳐지고 있어.

사물들의 핵심에 어찌 이런 고요가!

나의 생명의 나무 아래로, 마지막 강이

어떤 섬을 휘감고 흐르고 있어.

거기 섬의 안개 속에서

정육면체 회색 바위가 솟아오르고 있어.

세계들의 수도인 어떤 성채가.

이 묘사의 주요 특징들은 (1)인간이 우주의 중심에 서고 (2)나선형의 순환이 이뤄지고 (3)생명과 죽음의 나무가 있고 (4)나무와의 연결 속에서 심장이 인간의 활력의 중심을 차지하고 (5)자연의 지혜가 난쟁이의 형태로 나타나고 (6)생명의 나무가 섬에 서 있고 (7)정육면체와 철학자의 돌, 그리고 나무에 의해 지켜지는 보물이 동일하다는 점 등이다.

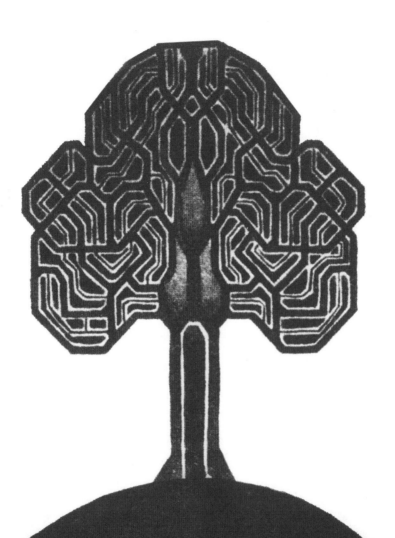

2부

—

나무 상징의 역사와 해석

01

원형적인 이미지로서의 나무

이 에세이의 전반부에서 저절로 형성된 현대의 나무 상징들의 일부 예를 보았다. 에세이 후반부에서는 제목을 '철학의 나무'로 정한 것을 정당화하기 위해 나무 상징의 역사적 배경에 대해 논할 생각이다. 이 자료에 익숙한 사람들에게는 나의 예들이 널리 퍼져 있는 나무 상징의 구체적인 예들에 불과하다는 것이 보일지라도, 그럼에도 불구하고 개별 상징들을 해석할 때 그 상징들의 역사적 선례들에 대해 어느 정도 아는 것이 중요하다.

모든 원형적인 상징들과 마찬가지로, 나무 상징도 수 세기의 세월이 흐르는 동안에 의미의 발달을 거쳤다. 근본적인 어떤 특징들은 변화 불가능한 것으로 드러났을지라도, 나무 상징은 당산나무의 원래 의미로부터 멀리 벗어났다. 원형적인 이미지의 바탕에 깔려 있는 '싸이코이드'(psychoid)[30]는 그 이미지의 모든 발달 단계에서 그 성격을 유지한다. 그럼에도 경험적으로 볼 때 싸이코이드 형태의 변형은 무한할 수 있다. 나무의 외적 형태는 세월이 흐름에 따라 변화할 수 있지만, 어떤 상징의 풍요함과 생명력은 그것의 의미 변화에서 더욱 확실히 표현된다. 따라서 의미의 측면은 나무 상징의 현상학에 근본적으로 중요하다. 평균적으로 보면, 나무 상징의 의미와 가장 흔하게 연결되는 것은 성장, 생명, 육체적 및 정신적 발달, 아래로부터 위로의 성장과 위로부터 아래로의 성장, 모성적 측면(보호, 그늘, 안식처, 영양 풍부한 열매, 생명의 원천, 견고함, 영원, 뿌리의 확고함 외에 "그 자리에 뿌리 박고 있는" 점 등), 고령, 인격, 마지막으로 죽음과 부활이 있다.

　이런 특징들을 확인할 수 있게 된 것은 몇 년에 걸쳐 개별

30　일반적으로 유기체의 행동을 이끄는 활력으로 통한다. 분석 심리학에서 칼 융은 직접적으로 지각되거나 표현될 수 없는 집단 무의식에 이 용어를 썼다.

환자들의 진술을 연구한 결과이다. 이 에세이를 읽고 있는 비전문가도 그 그림들에 나타나는 동화와 신화, 시(詩)의 양이 방대하다는 사실에 놀라움을 금치 못할 것이다. 이 대목에서, 내가 깊이 면담했던 사람들 중에 이런 종류의 출처들에 대해 알고 있었던 사람이 꽤 드물다는 사실은 놀라운 일이 아닐 수 없다. 그런 출처에 대해 모르고 있는 이유는 대체로 3가지로 정리된다. 첫째, 일반적으로 사람들은 꿈 이미지들의 기원에 대해 거의 생각하지 않으며 신화 모티브에 대해서는 더더욱 생각하지 않기 때문이다. 둘째, 그 출처들이 망각되었기 때문이다. 셋째, 그 출처들이 어떤 의미로도 의식이 되지 않았기 때문이다. 이를 달리 말하면, 그 이미지들이 새롭고, 원형적인 창조물이라는 뜻이다.

세 번째 가능성은 생각하는 것만큼 드물지 않다. 반대로, 그런 일이 너무나 자주 일어나기 때문에, 무의식의 자동적인 산물들에 대해 설명할 때 상징들을 비교 연구하는 것이 불가피하게 되었다.

신화소(神話素) 또는 신화의 모티브가 언제나 전통과 연결되어 있다는, 널리 받아들여지고 있는 견해는 합당하지 않다. 왜냐하면 신화의 모티브들이 전통을 불문하고 어느 곳에서나, 어느 시대에나, 어느 개인에게나 나타나고 있기 때문이다. 어떤 이미지가 인간 역사의 기록에서 똑같은 형태와 똑같은 의미로 존재한다는 것을 보여줄 수 있는 경우에, 그 이미지는 원형적인 이미지로 고려될 수 있다.

여기서 두 가지 극단적인 주장을 구분해야 한다. 첫째, 이미지는 명쾌하게 정의되고 의식적으로 어떤 전통과 연결되어 있다는 주장이다. 둘째, 이미지는 틀림없이 자생적이며, 따라서 전통의 개연성은 말할 것도 없고 전통의 가능성도 전혀 없다는 주장이다. 이 두 가지 극단적인 견해 사이에 두 견해를 어느 정도 희석시킨 다양한 견해가 자리 잡고 있을 것이다.

그 이미지가 집단적인 성격을 갖고 있기 때문에, 단 한 사람이 연상을 통해 내놓는 자료로부터 전체 의미를 끌어내는 것은 불가능하다. 그러나 실제 치료 목적을 위해서 이 작업을 하는 것이 중요하기 때문에, 의료 심리학을 위해서 상징들을 비교 연구할 필요가 있다는 사실은 아주 명백해진다. 이 목적을 위해서, 연구원은 반드시 인류 역사에서 상징의 형성이 아무런 방해를 받지 않고 이뤄지던 시기로, 말하자면, 이미지의 형성에 대한 인식론적 비판이 전혀 이뤄지지 않던 때로, 따라서 그 자체로는 인간에게 알려지지 않은 사실들이 명확한 시각적 형태로 표현될 수 있었던 때로 돌아가야 한다. 그런 종류의 시대로 우리와 가장 가까운 시기는 중세 자연 철학의 시기이다. 이 자연 철학은 17세기에 그 정점에 달했으며, 18세기 들어서 점진적으로 그 영역을 과학에 넘겨주었다. 중세의 자연 철학은 연금술과 헤르메스 철학[31]에서 가장 의미 있는 발달을 이루었다. 여기에 고대 세계에서 가장 중요하고, 가장 오래 지속된 신화소들이 저장소처럼 수집되었다. 헤르메스 철학이 주로 의사들에 의해 실행되었다는 사실이 중요하다.

31   헤르메스 트리스메기투스의 작품으로 전해지는 저작을 바탕으로 발달한 철학을 말한다.

02

요도쿠스 그레베루스의 논문에
등장하는 나무

우선, 방금 언급한 시대 바로 앞의 시대에 생명의 나무가 매체에 어떤 식으로 반영되고 있었는지를 보여주고 싶다. 생명의 나무에 관한 포괄적인 연구서를 쓴 우노 홈베르그(Uno Holmberg)[32]는 생명의 나무가 "인류의 가장 장엄한 전설"이라고 말한다. 따라서 그는 생명의 나무가 신화에서 중심적인 위치를 차지한다는 점을, 또 생명의 나무가 아주 널리 퍼져 있기 때문에 그 변형이 모든 지역에서 발견된다는 점을 확인

---

32 핀란드 종교학자(1882-1949)로 샤머니즘에 관한 연구로 유명하다.

하고 있다.

　나무는 중세의 연금술 텍스트에 자주 나타나며, 대체로 나
무는 불가사의한 물질의 성장과 그 물질이 철학적 금(혹은
그 목표물을 일컫는 이름이면 어떤 것이든 좋다)으로 변형
하는 것을 나타낸다. 펠러지어스(Pelagios)[33]의 논문에서, 우
리는 조시모스(Zosimos)[34]가 변형의 과정은 "보살핌을 잘 받
는 나무나 물을 충분히 공급 받는 식물과 비슷하며, 이 나무
나 식물은 풍부한 물 때문에 발효를 시작하고, 공기의 습기
와 온기 속에서 싹을 틔우고, 자연의 위대한 부드러움과 특
별한 특성 덕분에 꽃을 피우고 열매를 맺는다."고 말하는 것
을 읽었다.

　이 과정의 전형적인 예는 1588년에 레이던에서 처음 인쇄
된 요도쿠스 그레베루스(Jodocus Greverus)의 논문에서 발
견된다. 전체 작업은 이질적인 것이 전혀 없는, 잘 가꾼 정원
에서 나무의 씨를 뿌리고 가꾸는 것으로 묘사되고 있다. 흙
은 정화된 메르쿠리우스로 이뤄져 있고, 사투르누스(토성)

33　자유 의지와 금욕을 옹호했던 신학자(A.D.390?-418). 영국에서 출생한 것
으로 전해진다.

34　A.D. 3세기 말부터 4세기 초까지 살았던 이집트 연금술사.

와 유피테르(목성), 마르스(화성), 베누스(금성)가 나무의 줄기(또는 줄기들)를 형성하고, 태양과 달이 나무의 씨앗을 공급한다. 이 행성의 이름들은 부분적으로 그에 상응하는 금속들을 언급하지만, 우리는 그것들이 무엇을 의미하는지를 저자의 말을 통해서 알 수 있다. "이 작업에 들어가는 것은 평범한 금도 아니고 평범한 메르쿠리우스도 아니고 평범한 은도 아니며, 어쨌든 어떤 것이든 평범한 것은 아니며 철학자들의 것들[금속들]이다."

  그러므로 그 작업의 재료는 어떤 것이든 될 수 있다. 그 재료들은 외관상 화학 물질을 빌려 표현될지라도 틀림없이 상상적인 것들이다. 행성의 이름들은 최종적으로 금속을 언급할 뿐만 아니라, 모든 연금술사들이 알았듯이 (점성술적) 기질, 즉 정신적 요소들을 언급한다. 이 정신적 요소들은 특별한 공상과 욕망을 낳음으로써 그 성격을 드러내는 본능적인 성향들로 이뤄져 있다. 탐욕은 연금술의 동기 중 하나로서, "우리의 금은 보통 사람들의 금이 아니다"라는 표현에 분명히 담겨 있다. 바로 이 표현이 우리가 동기 부여에 변화가 일어나고 목표가 다른 차원으로 이동하는 것을 확인하는 곳이긴 하지만 말이다. 그 논문의 말미에 나오는 우화에서, 늙은 현자가 연금술 숙련자에게 이렇게 말한다. "아들아, 세속적 욕망의 덫을 버리도록 하라." 종종 그러하듯이, 어느 저자가 제시한 절차가 평범한 금의 생산 외에 다른 목표를 전혀 갖고 있지 않을 때조차도, 그 작업의 정신적 의미는 그의 의식적 태도와 상관없이 그가 채택하는 상징체계를 통해 드러난다. 그레베루스의 논문에서, 이 단계가 극복되었으며 연금술의 목표는 "이 세상의 것이 아니다"는 점이 공개적으로 인정되고 있다. 따라서 "우리의 작업의 보편적 과정"에 관한 논문의 결론에서, 그는 이런 식으로 강조한다. 연금술은 "성(聖) 삼위일체의 완전한 단일성의 비밀을 포함하고 있는 신의 선물이다. 오, 그것은 너무나 탁월한 과학이고, 모든 자연과 자연의 해부의 무대이고, 현세의 점성술이고, 신의 전능의 증거이고, 죽은 자의 부활에 관한 증언이고, 죄들의 사면의 예이고, 다가올 심판에 대한 무오류의 증거이고, 영원한 축복의 귀감이니라".

찬송가 같기도 한 이런 칭송의 찬가를 읽는 현대의 독자는 그것이 과장되어 있고 조화롭지 못하다는 느낌을 받지 않을 수 없다. 왜냐하면 연금술이라는 과학이 예를 들어 성 삼위일체를 어떤 식으로 포함할 수 있었는지 도무지 상상이 되지 않기 때문이다. 그런 식으로 종교의 신비와 열광적으로 비교하는 행태는 중세에 이미 반감을 불러일으켰다. 그럼에도 그런 비교는 드물어지기는커녕 오히려 17세기에 일부 논문들의 주요 동기가 되었다. 이런 논문의 선구자들은 이미 13세기와 14세기에 나왔다.

　나의 의견은, 그런 논문들도 언제나 가짜 신비화로 받아들여서는 안 된다는 쪽이다. 이유는 저자들이 마음속에 명확한 무엇인가를 품고 있었기 때문이다. 그 저자들은 연금술 과정과 종교 사상들 사이에 비슷한 점을 분명히 보았다. 이 비교는 우리 현대인에게는 즉시 이해되지 않는다. 그 두 가지 사고 영역에 공통적인 요소를 고려할 때에만, 그처럼 서로 매우 다른 사고 영역 사이에 다리가 건설될 수 있을 뿐이다. 이 공통적인 요소, 즉 '제3의 비교점'은 심리적인 요소이다. 당연히, 연금술사는 화학 물질들에 관한 자신의 생각이 공상이라는 비난에 맞서 분개하면서 자신을 방어했을 것이다. 자신의 진술이 신인동형론(神人同形論) 그 이상이라고 생각하는 형이상학자가 지금도 여전히 그렇게 하듯이 말이다. 연금술사가 사물들 자체와 자신이 그 사물들에 대해 품고 있던 생각을 구분하지 못했듯이, 현대의 형이상학자는 여전히 자신의 견해가 그 대상을 적절히 표현하고 있다고 믿고 있다. 옛날의 연금술사에게나 현대의 형이상학자에게나 똑같이, 대상을 보는 관점이 아득한 옛날부터 아주 다양했다는 사실은 절대로 머리에 떠오르지 않는다. 그러나 형이상학자들과 달리, 보다 구체적으로 말하면 신학자들과 달리, 연금술사들은 논쟁을 벌이려는 경향을 전혀 보이지 않았다. 기껏 연금술사들은 자신들이 이해하지 못하는 저자들의 모호성을 탓했을 뿐이다.

옛날의 연금술사나 현대의 형이상학자나 똑같이 대부분 공상에서 비롯된 생각에 관심을 두고 있다는 사실은 합리적인 사람들에게 너무나 분명하게 보인다. 그렇다고 미지의 그들의 대상이 존재하지 않는다는 뜻은 아니다. 그들의 생각은 무엇을 언급하고 있든 언제나 똑같은 정신적 법칙들, 다시 말해 원형들에 의해 조직된다.

연금술사들이 자신의 길을 걸으면서 자신의 사상과 종교 사상 사이에 비슷한 점이 있다고 주장했을 때, 그들은 그 같은 사실을 깨달았다. 그레베루스가 자신의 통합 과정과 삼위일체를 비교한 것이 그런 예이다. 이 경우에 공통적인 원형은 숫자 3이다. 파라켈수스(Paracelsus)[35]를 지지하는 사

---

35 스위스의 의학자이자 연금술사(1493-1541).

람으로서, 그레베루스는 유황과 소금과 메르쿠리우스 등 파라켈수스의 트리아드(triad)[36]를 잘 알고 있었음에 틀림없다. 유황은 태양에 속하거나 태양을 나타내며, 소금은 달과 그와 똑같은 관계를 맺고 있다. 그러나 그는 이런 종류의 통합에 대해서는 한마디도 하지 않는다. 태양과 달은 땅(메르쿠리우스와 동일하다)에 심어질 씨앗을 제공하고, 아마 다른 4개의 행성들은 나무의 줄기를 이룰 것이다. 하나로 통합되는 그 4개는 그리스 연금술의 '테트라소미아'(tetrasomia)[37]를 가리키며, 그리스 연금술에서 테트라소미아는 행성들에 맞춰 납과 주석, 철, 구리를 나타낸다. 따라서 미하엘 마이어(Michael Maier)[38]가 제대로 이해했듯이, 그레베루스가 통합 과정에 마음에 품었던 것은 3개인 파라켈수스의 기본적인 물질이 아니라 그가 논문의 말미에서 "성 삼위일체에서 이뤄지는 세 위격의 통합"과 비교하는 고대의 테트라소미아였다. 그에게 태양과 달과 메르쿠리우스의 트리아드는 출발점, 말하자면 최초의 재료였다. 그 트리아드가 나무의 씨앗과 그

36 3인조, 3개 한 벌 등의 뜻을 지닌다.
37 4가지 원소라는 뜻이다.
38 독일의 의사이자 연금술사(1568-1622).

씨앗이 뿌려질 땅을 의미했으니까. 이것이 소위 '삼중의 융합'(coniunctio triptativa)이다. 그러나 여기서 그레베루스는 '사중의 융합'에 관심을 두고 있으며, 그로 인해 넷이 "위격들의 통합"에서 결합을 이룬다. 이것은 잘 알려진 마리아 프로페티시마(Maria Prophetissima)[39]의 원칙으로서 연금술에서 중요한 역할을 하는, 3과 4의 딜레마를 보여주는 독특한 예이다.

39　조시모스의 글을 통해서 알려지게 된 유대인 여자 연금술사로, A.D. 1세기 경에 살았던 것으로 추정된다.

03

테트라소미아

테트라소미아의 목표는 상반된 것들의 콰테르니티를 하나의 통일체로 환원시키는(혹은 통합시키는) 것이다. 행성들의 이름 자체가 두 개의 뒤아드(dyad)[40]를 암시하는데, 그 중 하나(목성과 금성)는 자애롭고 다른 하나(토성과 화성)는 해롭다. 그런 뒤아드들이 종종 연금술의 콰테르니티를 구성한다. 조시모스는 팅크제[41]를 제조하는 데 필요한 변질의

---

40 2개가 한 벌을 이루는 것을 뜻한다.
41 철학자의 돌을 뜻하는 또 다른 이름이다. '크라테스의 서'에 따르면, 팅크제는 불같고 기체인 독이다.

과정을 이렇게 묘사하고 있다.

> 두 개의 물체로부터 형성된 흙과 그 흙에 물을 공급할, 두 개
> 의 본질로 형성된 물이 필요하다. 물이 흙과 섞일 때, … 태양
> 이 이 진흙에 작용해 그것을 돌로 변화시켜야 한다. 이 돌은
> 태워져야 하고, 이 태움이 이 물질의 비밀을, 말하자면 철학
> 자들이 찾는 팅크제인 이 물질의 정령을 세상에 불러낸다.

이 텍스트가 보여주듯이, 통합은 이중적인 어떤 뒤아드의
결합에 의존한다. 이것은 똑같은 사상을 표현한 다른 원형적
인 형태에서 더 분명하게 표현되고 있다. 그 형태는 바로 교
차사촌혼의 구조를 따르는 왕족 결혼의 구조이다.

대체로, 라피스는 원소들의 콰테르니티 또는 원소들의 오
그도아드(ogdoad)[42]와 특징들(차거나 따스하거나, 습하거나
건조하거나)로부터 합성된다. 마찬가지로, 고대부터 아콰드
라투스(aquadratus)[43]로 알려진 메르쿠리우스는 불가사의한

---

[42] 고대 이집트에서 숭배되었던 8명의 주요 신을 말한다. 일반적으로 8개가 1
개의 조를 이루는 것을 일컫는다.

[43] 사각형 또는 사각형으로 만든다는 뜻이다.

물질인데, 이 물질의 변화를 통해서 라피스, 즉 연금술의 목표물이 생산된다. 따라서 아스트람시코스(Astrampsychos)[44]의 사랑의 마법에서, 헤르메스에게 올리는 기도문의 내용은 이렇다.

> 당신의 이름들은 천국들의 네 귀퉁이에 있어요. 나는 또한 당신의 형태도 알고 있어요. 당신은 동쪽에서 황새의 형태를 취하고, 서쪽에서 개의 머리를 가진 개코원숭이의 형태를 취하고, 북쪽에서 뱀의 형태를 취하지만, 남쪽에서 늑대의 형태를 취하지요. 당신의 식물은 포도인데, 거기서 그것은 올리브입니다. 나는 또한 당신의 나무도 알고 있어요. 그것은 흑단입니다.

사중의 메르쿠리우스는 또한 나무 또는 나무의 생명의 정령이다. 그리스의 헤르메스는 한편으로는 앞의 특성들이 보여주듯이 모든 것을 두루 포용하는 신이지만, 다른 한편으로는 헤르메스 트리스메기스투스로서 연금술사들의 최고 권

---

44   B.C. 4세기에 활동한 페르시아의 사제.

력자이다. 이집트의 헬레니즘 문화에 나타나는 헤르메스의 4가지 형태는 틀림없이 호루스[45]의 네 아들에서 비롯되었다. 4개의 얼굴을 가진 신은 일찍이 제4 왕조와 제5 왕조의 피라미드 문서에 언급되고 있다. 그 얼굴들은 분명히 천국의 네 방위를 가리킨다. 말하자면, 신은 모든 것을 본다는 뜻이다. 월리스 버지(Wallis Budge)[46]는 『이집트 사자의 서』(Egyptian Book of the Dead) 112장을 보면 같은 신이 멘데스[47]에서 숭배되던, 4개의 머리를 가진 양으로 나타난다고 주장한다. 천국의 얼굴을 나타냈던 원래의 호루스는 얼굴에 긴 머리카락을 늘어뜨리고 있었으며, 이 머리 가닥들은 4개의 모서리가 있는 하늘의 판을 떠받쳤던 대기의 신 슈의 4개의 기둥과 연결되었다. 후에 4개의 기둥들은 호루스의 네 아들과 연결되었으며, 이 아들들은 천국의 네 방위를 상징하던 낡은 신들을 대체했다. 하피는 북쪽에 해당하고, 투아무테프는 동쪽에 해당하고, 암세트는 남쪽에 해당하고, 쿕센누프는 서쪽에 해당했다. 그들은 저승에서 죽은 자들의 삶을 지키면서 죽은

---

45 이집트 신화 속의 태양신이다. 매의 머리를 하고 있다.

46 영국의 이집트 전문가(1857-1934)로 고대 근동에 관한 책을 많이 썼다.

47 고대 이집트의 도시 제데트(Djedet)의 그리스식 이름이다.

자들의 숭배에서 중요한 역할을 맡았다. 그의 두 팔은 하피와 투아무테프에 해당하고, 두 발은 암세트와 켑센누프에 해당했다.

이집트의 콰테르니티는 『사자의 서』의 텍스트에서 확인되듯이 두 개의 뒤아드로 이뤄졌다. "그때 호루스가 레에게 말하기를, '나의 몸에서 생겨난 신성한 형제를, 페라는 도시에서 둘을, 네켄이라는 도시에서 둘을 나에게 다오.'라고 했다." 콰테르니티는 사실 죽은 사람들을 위한 의식에서 중요한 주제이다. 4명의 남자가 4개의 카노푸스 단지[48]가 딸린 관을 옮겼으며, 제물로 바치는 동물도 4마리였고, 모든 도구와 그릇의 숫자도 4의 배수였다. 제문과 기도도 4번 올렸다. 이것을 근거로 할 때, 콰테르니티는 죽은 자들에게 특별히 중요했던 것이 분명하다.

호루스의 네 아들들은 반드시 육체의 4부분(즉, 전체성)을 간직해야 했다. 호루스는 자기 어머니 이시스를 통해서 아들들을 낳았다. 따라서 기독교 전통을 거쳐 중세 말의 연금술까지 확장된 근친상간 모티브는 고대 이집트까지 거슬러 올

---

48 고대 이집트에서 장례를 치르면서 미라를 만드는 도중에 시신의 장기를 방부 처리해 넣어두었던 그릇을 말한다.

라가는 것으로 볼 수 있다. 호루스의 네 아들은 종종 자신들의 할아버지 오시리스 앞에 연꽃 위에 서 있는 모습으로 나타난다. 메스타⁴⁹는 인간의 머리를, 하피는 원숭이의 머리를, 투아무테프는 자칼의 머리를, 켑세누프는 매의 머리를 각각 갖고 있다.

'에제키엘서'(1장과 10장)의 환상과 비슷한 점이 금방 확인된다. 거길 보면, 4명의 케루빔⁵⁰은 "사람과 닮은 점"을 갖고 있다. 각 케루빔은 4개의 얼굴을, 그러니까 인간의 얼굴과 사자의 얼굴, 소의 얼굴, 독수리의 얼굴을 갖고 있었으며, 그래서 호루스의 네 아들의 예와 마찬가지로 한 방위는 인간적이었고 3개의 방위는 동물적이었다. 한편, 아스트람시코스의 사랑의 마법에서 4개의 형태는 모두 동물적인데, 이는 아마 주문의 마법적인 목적 때문일 것이다.

4의 배수에 대한 이집트인의 사랑을 반영하듯, 에제키엘의 환상에 4개의 얼굴을 가진 4개의 생명체가 있다. 게다가 케루빔은 저마다 바퀴를 하나씩 갖고 있다. 훗날의 설명에서, 4개의 바퀴들은 메르카바, 즉 전차로 해석되었다. 슈의 4

---

49 호루스의 네 아들 중 하나인 암세트의 나중 형태이다. 장례의 신이다.
50 기독교에서 두 번째로 높은 계급의 천사를 말한다.

개의 기둥과 하늘의 바닥을 떠받치고 있는, 4개의 방위의 신들인 호루스의 네 아들들과 상응하는 것으로, 케루빔의 "머리들 위로 쫙 펼쳐진, 눈부실 만큼 맑은 색깔로서 하나의 창공"이 있었다. 그 창공 위에 "사람의 모습"을 한 그의, 그러니까 호루스 디 엘더(Horus the Elder)[51]와 세트의 도움으로 천국까지 올라간, 오시리스의 상대자의 권좌가 놓여 있었다.

케루빔의 네 날개는 파라오의 관을 지키는 날개 달린 네 여자 정령을 상기시킨다. 호루스의 아들들은 이와 똑같이 저마다 후견 역할을 수행했던 여자 상대자를 두었다. 케루빔도 마찬가지로 '에제키엘서' 28장 14절과 16절에서 분명히 확인되듯이 수호 정령이었다. 콰테르니티가 액막이로서 지니는 중요성은 '에제키엘서' 9장 4절에 의해 뒷받침되고 있다. 거길 보면 에제키엘이 하느님의 지시에 따라 정직한 사람들을 처벌로부터 보호하기 위해 그들의 이마에 십자가 표시를 한다. 십자가는 틀림없이 콰테르니티의 속성을 갖고 있는 신의 표시이다. 십자가는 신의 보호를 받는 존재라는 사실을 알리는 표시이다. 신의 특성들로서, 또 그 자체로 상징들로

---

51   이집트 신화에서 최초의 5신 중에서 마지막에 태어난 신을 가리킨다. 오시리스와 이시스의 아들은 일반적으로 호루스 더 영거라 불린다.

서, 콰테르니티와 십자가는 완전을 의미한다. 그래서 놀라의 파울리누스(Paulinus of Nola)[52]는 이렇게 말한다.

십자가의 나무의 네 팔 위로 몸을 쭉 펴면서, 그는 세계의 사방으로 닿았으며, 또 모든 해안으로부터 사람들을 생명 쪽으로 끌어모을 수 있었을 것이다. 그리고 우리의 신이신 예수 그리스도는 십자가의 죽음을 통해서 직접 모든 사람들에게 모든 것을, 또 생명은 살아남고 악은 파괴될 것이라는 점을 보여주기 때문에, 십자가 옆에 알파(A)와 오메가(Ω)가 서 있으며, 각 글자는 세 번의 붓놀림을 통해서 3배로 현명한 어떤 특이한 형상을, 3가지 형태로 완벽해지는 하나의 의미를 보여주고 있다.

무의식의 자연스런 상징적 표현에서, 십자가는 콰테르니티로서 자기를, 그 사람의 완전성을 가리킨다. 따라서 십자가 표시는 완전성 또는 완전해지고 있는 상태의 치료 효과를 암시한다.

52   고대 로마 시대의 시인이자 작가, 정치인, 성직자(A.D. 354?-431). 성직자로서 놀라의 주교 자리까지 올랐다.

네 마리의 동물은 다니엘의 환상에도 나타난다. 첫 번째 동물은 사자 같이 생겼으며, "사람처럼 발로 서도록 만들어졌고 그 동물에게 인간의 심장이 주어졌다". 두 번째 동물은 곰처럼 생겼고, 세 번째 동물은 표범처럼 생겼으며, 네 번째 동물은 "커다란 쇠 이빨"과 "10개의 뿔"을 가진 "무섭고 끔찍한" 짐승이었다. 어쨌든 사자만을 특별히 대접한 점은 네 복음서의 필자를 상징하는 형상들 중 인간의 방위를 상기시킨다. 그 상징의 네 방위는 모두 맹수들이었으며, 심리학적으로 표현하면 욕망에 굴복하면서 천사의 성격을 상실하고 최악의 의미로 말하는 귀신이 된 기능들이다. 그들은, '에녹서'가 보여주듯이, 신의 내부 법정을 구성하는 네 천사들의 부정적이고 파괴적인 측면을 나타낸다.

이 퇴행은 마법과 전혀 아무런 관계가 없으며('에녹서' 13장 참조) 오히려 인간 또는 권력을 쥔 일부 개인들이 악령으로 변하는 것을 표현하고 있다. 따라서 다니엘은 네 마리의 짐승을 땅에서 나타날 4명의 왕으로 해석한다('다니엘서' 7장 17절). 그 해석은 이렇게 이어진다(7장 18절). "대단히 높은 자의 성도들이 왕국을 얻을 것이고 그 왕국을 영원히, 영원히 누리리라." 인간의 심장을 가진 사자처럼, 이런 놀라운 해석은 그 콰테르니티의 긍정적인 측면에 근거를 두고 있으며, 4명의 수호천사가 천국을 지배하고 4명의 정의로운 왕이 땅을 지배하고 성도들이 왕국을 소유할 때 사물들이 보호받는 그런 행복한 상태를 가리킨다.

그러나 이 행복한 상태는 곧 사라질 것이다. 왜냐하면 그 콰테르니티의 네 번째 짐승이 괴물의 형태를 띠고 있고 10개의 뿔을 갖고 있으며 "땅 위의 네 번째 왕국을, 그러니까 다른 모든 왕국과 다르면서 전체 땅을 삼킬 그런 왕국"을 나타내기 때문이다(7장 23절). 달리 말하면, 권력에 대한 엄청난 욕망이 인간적인 방위를 다시 무의식으로 만들 것이라는 뜻이다. 이것은 개인적으로나 집단적으로 너무나 자주 관찰되는 심리적 과정이다. 그런 상태는 인류의 역사에 무수히 많이 반복되었다.

다니엘과 에녹을 통해서, 신의 아들들의 콰테르니티가 꽤 일찍부터 기독교 이데올로기로 파고들었다. 3개의 공관(共觀) 복음서[53]가 있고, 성 요한의 복음서가 있다. 이 복음서들

---

53 신약성경에서 '마태복음'과 '마가복음' '누가복음'을 일컫는다. 이 복음서들의 내용이 거의 일치하기 때문에 복음서를 해석할 때 서로 대조할 수 있어 이런 이름으로 불린다.

에는 엠블렘으로 케루빔의 상징들이 주어졌다. 말하자면, 이 4권의 복음서는 그리스도의 권좌의 기둥들이었으며, 중세에 이 복음서들의 필자를 상징하는 형상들이 교회의 사역동물이 되었다. 그러나 콰테르니티를 인정한 것은 특별히 그노시스주의였다. 이 주제는 너무나 널리 알려져 있기 때문에 여기서 세세히 다룰 필요는 없을 것 같다. 나는 다만 예수 그리스도와 로고스, 헤르메스의 동의성(同意性)에, 그리고 예수 그리스도가 발렌티누스(Valentinus)[54] 그노시스파의 소위 "두 번째 4개 한 조"에서 유래한 것에 대해 관심을 기울여주기를 바랄 뿐이다. "따라서 우리의 주님은 사중성을 통해서 '테트라크티스'[55]의 형태를 취하며, 주님은 (1)아카모스[56]에서 오는 영성 (2)세상의 창조자로부터 오는 정신 (3)말로 표현하지 못하는 기술로 준비한 육체 (4)신성, 즉 구세주로 이뤄져 있다."〈Usener, Das Weihnachtsfest, p. 149〉

그러므로 연금술의 테트라소미아와 그것이 통일체로 환

---

54 초기 기독교 그노시스주의 신학자(A.D. 100?-160?)로 가장 유명하다.

55 10개의 점을 4개의 열로 나눠 배열한 삼각형을 뜻한다. 점이 하나, 둘, 셋, 네 개가 4줄로 배열되어 있다.

56 상급의 소피아가 천국으로 돌아갈 때 아래에 남게 된 하급의 소피아를 일컫는다.

원하는 것은 피타고라스(Pythagoras)의 테트라크티스보다 훨씬 이전인 고대 이집트까지 닿는 오랜 역사를 갖고 있다. 이 모든 것으로부터 우리는 '4개로 나눠진 완전성의 이미지'라는 원형을 별다른 어려움 없이 볼 수 있다. 그것으로 인해 생겨나는 개념들은 언제나 중앙의 성격을 지니고, 신성한 형상들의 특징을 나타내며, 그 특징들을 연금술의 신비한 물질들로 넘긴다.

이 원형의 형이상학적 의미에 대해 깊이 고찰하는 것은 경험 심리학의 과제가 아니다. 우리는 다만 꿈과 공상 같은 정신의 자동적인 산물들에서 그와 똑같은 원형이 작동하면서 원칙적으로 똑같은 형상과 의미와 가치를 낳고 있다는 점을 강조할 수 있을 뿐이다. 앞에 제시한 일련의 꿈 그림들을 객관적으로 공부하는 사람은 누구나 나의 결론의 타당성을 믿을 것이다.

04

완전성의 이미지

연금술의 콰테르니티의 역사에 대한 설명을 끝냈으니, 이제 다시 연금술의 완전성의 이미지로 돌아가도록 하자.

불가사의한 것들 중에서 가장 평범하면서 가장 중요한 것은 그리스인들의 '영원의 물'이다. 고대 연금술사와 그 후의 연금술사들의 일치된 증언에 따르면, 이것은 메르쿠리우스의 한 측면이며, 조시모스는 어느 글에서 신성한 물에 대해 이렇게 말하고 있다.

이것이 우리가 추구하고 있는 위대하고 신성한 신비이다. 이유는 그것이 완전체이기 때문이다. 그리고 그것으로부터 완전체가 생겨나고, 완전체는 그것과 똑같은 것을 통과한다. 두개의 본성에, 하나의 물질. 그러나 한 물질이 한 물질을 끌어당기고, 한 물질이 한 물질을 지배한다. 이것은 은(銀)의 물이며, 남자이고 여자이며, 영원히 달아난다. … 이유는 그것이 지배를 당하지 않기 때문이다. 그것은 어떤 상황에서도 완전하다. 그리고 그것은 생명과 정신을 갖고 있으며 파괴적이다.

영원의 물의 핵심적인 의미와 관련해서, 나는 독자 여러분에게 나의 초기 저작물에 대해 언급해야 한다. "물"은 연금술에서 메르쿠리우스나 라피스, 철학자의 자식만큼이나 불가사의한 것으로 여겨진다. 메르쿠리우스나 라피스, 철학자의 자식처럼, 물은 완전성의 이미지이다.

앞에 제시한 조시모스의 인용이 보여주듯이, A.D. 3세기의 그리스 연금술에서도 물은 그런 것으로 받아들여졌다. 이 텍스트는 이 점에, 그러니까 물이 완전한 물질이라는 점에 전혀 아무런 의문을 품지 않고 있다. 그것은 "은(銀) 물"이지, "언제나 움직이는 물", 즉 라틴 연금술에서 '평범하지 않은 메르쿠리우스'와 뚜렷이 구별되는 것으로서 '조악한 메르쿠리우스'라 불렸던 일반적인 수은이 아니다. 조시모스의 글에서, 수은은 하나의 정령이다.

조시모스의 "완전성"은 소우주, 즉 물질의 가장 작은 입자에 반영된 우주이며, 따라서 완전성은 생물이든 무생물이든 불문하고 모든 것에서 발견된다. 소우주가 대우주와 동일하기 때문에, 소우주는 대우주를 끌어당기면서 일종의 '아포카타스타시스'(apocatastasis)[57], 말하자면 모든 개체가 원래의 완전성을 되찾는 현상을 낳는다. 따라서, 마이스터 에크하르트(Meister Eckhart)[58]가 말하듯이, "모든 곡물이 밀이 되고, 모든 금속이 금이 되며", 작고 독특한 개인이 "위대한 인간" 또는 최고의 인간 또는 안트로포스(Anthropos), 즉 자기가 된다. 물질적으로 금이 되는 것과 도덕적인 측면에서 동일한 것은 '완전한 인간'을 다시 기억하는 것, 즉 자기 인식이다. 올림피오도루스(Olympiodorus)[59]는 조시모스가 여자 제자 테오세베이아(Theosebeia)에게 권고한 내용을 인용하

57   기독교 신학에서 만물회복설로 통한다. 만물이 궁극에는 본래의 상태로 돌아간다는 학설이다. 융 심리학에서 원상회복의 뜻으로 쓰인다.
58   독일의 로마 가톨릭 신비 사상가(1260?-1327?).
59   신플라톤주의 철학자이자 점성가(A.D.495?-570).

면서 이렇게 말하고 있다.

만약 당신이 당신의 육체와 관련하여 겸손하다면, 당신은 열
정과 관련해서도 차분해질 수 있으며, 그렇게 처신함으로써,
당신은 신성을 당신에게로 불러낼 수 있으며, 그러면 정말로
어디에나 있는 신성이 당신에게로 올 것이다. 그러나 당신이
당신 자신을 알 때, 당신은 또한 진정으로 하나인 신을 알게
된다.

히폴리투스(Hippolytus)[60]는 기독교 교리를 설명하는 대목
에서 이 같은 해석을 뒷받침하고 있다.

그러나 당신은 신과 말할 것이고 예수 그리스도와 함께한 상
속자가 될 것이다. … 당신이 신이 되었을 테니까. 당신이 인
간으로서 어떤 고통을 겪었든, 당신은 당신이 한 사람의 인
간이라는 것을 보여주었다. 그러나 신에게 속하는 것이면 무
엇이든 그 신은 부여하기로 약속했다. 당신이 불멸을 얻어

60　A.D. 2-3세기에 활동한 신학자들 중 가장 중요한 인물로 꼽힌다. 로마에서
태어나 사르디니아에서 사망했다.

신성한 존재가 되었기 때문이다. 그것은 곧 "당신 자신을 아는 것"이고, 당신을 만든 신을 아는 것이다. 자기 자신을 아는 사람에겐 자신을 불러낸 그 분을 아는 것이 허용되니까.

요도쿠스 그레베루스의 논문에 의해 촉발된, 나무의 연상적 배경에 관한 지금까지의 설명은 나에게 연금술에서 나무의 의미를 논하는 데 필요한 서막처럼 보인다. 이런 종류의 일반적인 조사는 연금술의 의견과 공상이 반드시 일으키게 되어 있는 혼동 속에서 독자가 전체를 놓치지 않도록 돕는다. 내가 다른 분야의 연구에서 비슷한 내용을 많이 끌어왔지만, 불행하게도 그런 노력이 나의 설명을 더 쉽게 만들지 못할 것이다. 그럼에도 다른 분야를 보지 않는 것은 불가능하다. 왜냐하면 연금술사들의 견해들이 상당 부분 인간 사고의 다양한 영역들에 걸쳐 작용하고 있는 무의식의 원형적 가정들에서 나왔기 때문이다.

05

철학의 나무의 본질과 기원

『심리학과 연금술』에서 정신의 내용물(환각과 환상 등)의 투사에 한 개의 장을 특별히 할애했기 때문에 여기서 연금술사들 사이에 나무 상징이 자동적으로 나오는 문제에 대해 추가로 논할 필요가 없을 것 같다. 연금술 숙련자가 자신의 나무가 성장하고 꽃을 피웠던 증류기 안에서 싹과 가지들을 보았다고 말하는 것으로도 충분하다. 연금술 숙련자는 그 나무의 성장을 놓고 깊이 생각하라는, 말하자면 능동적인 상상력으로 성장을 강화하라는 조언을 들었다. 여기서 추구되었던 것은 환상이었다.

그 나무는 소금과 똑같은 방법으로 "준비"되었다. 그리고 나무는 물속에서 성장한 것과 똑같이 물속에서 부패했으며, 물과 함께 "타거나" "냉각되었다". 나무는 참나무, 포도나무, 도금양(桃金孃)[61]이라 불렸다. 자비르 이븐 하얀(Jabir ibn Hayyan)[62]은 도금양에 대해 이렇게 말한다. "도금양은 잎이고 가지라는 것을, 그리고 그것은 뿌리이면서 전혀 뿌리가 아니라는 것을 알아라. 그것은 뿌리이고 가지이다. 하나의 뿌리로서, 그것은 잎과 열매와 대비시키면 틀림없이 뿌리이다. 그것은 줄기에서 분리되어 있으며 깊은 뿌리의 일부를 이루고 있다." 도금양은 "마리아 프로페티시마가 황금 바퀴살이라고 부르고, 데모크리토스(Democritus)가 초록 새라고 부른 그것이다. … 그것이 그런 이름으로 불린 이유는 잎이 초록이고 또 도금양처럼 생겼기 때문이다. 그것이 열과 냉기가 교차함에도 불구하고 오랫동안 초록색을 지닌다는 점에서 그렇다". 도금양은 7개의 가지를 가졌다.

게르하르트 도른(Gerhard Dorn)[63]은 그 나무에 대해 이렇

---

61   베누스 신의 나무이다.

62   이슬람의 화학자와 천문학자, 연금술사, 철학자, 의사(721-815)였다. 유럽에서는 '게베르'(Geber)로도 알려져 있다.

63   벨기에의 철학자이자 의사, 연금술사(1530?-1584).

게 말한다.

자연이 자신의 자궁 한가운데에 금속 나무의 뿌리, 그러니까 금속과 보석, 소금, 명반(明礬), 황산, 염천(鹽泉), 산호 또는 마르카시타(Marcasita)[64]를 낳을 돌을 심고 그 줄기를 땅에 박은 뒤에, 이 줄기가 다양한 가지로 나뉘졌다. 이 가지들의 물질은 어떤 액체인데, 이 액체는 물의 특징도, 기름의 특징도, 진흙의 특징도 닮지 않았으며, 흙에서 자라고 있음에도 흙이 아니고, 흙에서 태어난 나무가 아닌 다른 것으로는 절대로 여겨질 수 없다. 가지들은 서로가 두세 개의 기후에 의해, 또 같은 수의 지역들에 의해 분리되는 방식으로 뻗는다. 독일에서부터 멀리 헝가리, 아니 그 너머까지 벌어지는 것이다. 이런 식으로, 서로 다른 나무들의 가지들이 지구 전체로 뻗어 나간다. 마치 인체에서 혈관들이 서로 분리되어 있는 사지로 퍼져 나가듯이.

이 나무의 열매들은 떨어지고, 나무 자체는 죽어서 땅 속으로 사라진다. "훗날, 자연의 조건에 따라서, 거기에 새로운 나무가 서 있다."

64 불완전한 어떤 금속 물질을 뜻한다.

이 텍스트에서, 도른은 철학의 나무의 성장과 확장, 죽음, 부활의 그림을 대단히 인상적으로 그리고 있다. 철학의 나무의 가지들은 땅 속으로 두루 뻗고 있는 혈관이며, 그 가지들은 지구 표면의 가장 먼 지점까지 뻗어 나감에도 불구하고 모두 겉보기에 스스로를 부활시키는 한 그루의 거대한 나무에 속한다. 그 나무는 틀림없이 혈관 체계와 비슷한 것으로 여겨지고 있다. 그 나무는 피 같은 액체로 이뤄져 있으며, 액체는 밖으로 나오면서 응고되어 나무의 열매가 된다. 정말 이상하게도, 고대 페르시아 전통에서 금속들은 가요마르트[65]의 피와 연결되어 있으며, 그의 피가 흙 속으로 스며들면서 7개의 금속으로 변했다.

도른은 그 나무에 대한 묘사에 간단한 관찰을 덧붙이고 있는데, 나는 이 부분을 독자 여러분에게 꼭 전하고 싶다. 왜냐하면 그것이 연금술 사고의 전형적인 형태에 관한 중요한 통찰을 제시하고 있기 때문이다. 그는 이렇게 말한다.

이것과 이것과 비슷한 것들은 진정한 물리학과 진정한 철학의

---

65   조로아스터교에서 최초의 인간으로 통한다.

샘들에서 나오며, 진정한 철학으로부터, 신의 놀라운 업적들에 대한 깊은 명상에 의해서, 최고의 창조자와 그의 권력들에 관한 진정한 지식이 철학자들의 영적인 눈에 보이기 시작하며, 심지어 세속적인 눈에도 그 빛이 보일 수 있다. 숨어 있던 것이 그런 눈들에게 드러나는 것이다. 그러나 그 그리스 사탄이 진정한 지혜의 철학 분야에 독(毒)과 그 씨앗들을, 말하자면 아리스토텔레스와 알베르투스(Albertus), 이븐 시나(Ibn Sina), 라시스(Rasis)[66]와 그런 부류의 사람들을 심었다. 이들은 신의 빛과 자연의 빛에 적대적이며, 소피아(Sophia)[67]라는 이름을 필로소피아로 바꾼 때부터 전체 물리적인 진리를 오해했다.

도른은 플라톤주의자이고 아리스토텔레스에 광적으로 반대했으며, 거의 틀림없이 과학적 경험주의자들에게도 반대했다. 그의 태도는 기본적으로 로버트 플러드(Robert Fludd)[68]가 존 케플러(John Kepler)에게 반대했던 것과 다르

---

66 페르시아의 박식가이자 철학자인 무함마드 이븐 자카리야 알라지(A.D. 854-925)를 말한다.

67 영지주의에서 소피아는 여자의 형상이다. 그리스어로 지혜를 뜻하는 소피아는 인간의 영혼과 비슷하지만 동시에 신의 여성적인 측면을 나타낸다.

68 과학과 초자연적인 것에 대한 관심을 동시에 가졌던 영국 의사(1574-1637)로 파라켈수스를 추종했다.

지 않았다. 근본적으로, 그것은 보편적 특성에 관한 오랜 논란, 말하자면 유명론과 실재론 사이의 반대였으며, 이 대립은 과학적 시대에 유명론에 유리한 방향으로 결론이 내려졌다. 과학적 태도는 철저한 경험주의를 바탕으로 자연을 과학의 용어로만 설명하려고 노력하는 한편, 헤르메스 철학은 자연에 대한 총체적 묘사에 정신을 포함시키는 설명을 목표로 잡았다. 경험주의자는 원형을 바탕으로 하는 도른의 설명 원리들, 즉 인지 과정의 필수 조건인 정신적 전제들을 망각하려 노력하거나, "과학적 객관성"을 위해서 그 원리들을 억압하려고 노력한 결과 어느 정도 성공을 거두었다. 헤르메스 철학을 신봉하는 철학자는 이런 정신적 전제들, 즉 원형들을 경험적인 세상의 그림을 이루는 불가분의 요소로 보았다. 헤르메스 철학자는 자신이 진정하다고 느꼈던 영원한 관념 형태의 정신적 전제들이 명백히 존재한다는 것을 무시할 수 있을 만큼 아직 대상에 그렇게 강하게 사로잡히지 않았다.

한편, 경험주의적 유명론자는 이미 정신에 대해 현대적인 태도를 취했다. 말하자면, 정신은 "주관적인" 그 무엇으로서 제거되어야 하는 것으로, 그리고 정신의 내용물은 후험(後驗)적으로 형성된 관념, 그러니까 '단순한 이름'에 불과한 것으로 여겨졌다. 경험주의적 유명론자의 희망은 관찰자와 철저히 독립된 상태로 존재하는 그런 세상을 그림으로 그려내는 것이었다. 이 희망은, 현대 물리학의 발견들이 보여주듯이, 오직 부분적으로만 성취되었다. 관찰자는 종국적으로 제거될 수 없으며, 이것은 곧 정신적인 전제들이 계속 남아서 작동하고 있다는 것을 의미한다.

도른의 예에서, 우리는 기관지와 혈관과 광맥의 가지들로 구성된 원형적인 나무가 어떤 식으로 경험 세계로 투사되면서, 생물 및 무생물계 전체와 "정신적" 세계를 두루 아우르는 전체주의적인 관점을 낳았는지를 볼 수 있다. 도른이 자신의 관점을 광적으로 방어하고 있다는 사실은 곧 그가 내면의 회의(懷疑)에 괴로워하면서 패배한 전쟁을 벌이고 있다는 것을 보여준다. 도른도, 플러드도 사건들의 전진을 저지할 수 없었다. 오늘날 우리는 소위 객관성의 대변자들이 정신적 전제들의 필연성을 보여주는 한 심리학에 그와 비슷한 감정적 폭발을 보이면서 자신을 방어하고 있는 것을 눈으로 확인하고 있다.

06

도른의 나무 해석

도른은 논문 '콩제리에스 파라첼시체 케미체'(Congeries Paracelsicae chemicae)에서 다음과 같이 쓰고 있다.

본질이 아니라 단지 그 유사성 때문에, 철학자들은 자신들의 재료를 7개의 가지를 가진 어떤 황금 나무와 비교한다. 그러면서 철학자들은 그 나무가 씨앗에 7가지 금속을 담고 있고 그 씨앗이 나무 안에 숨겨져 있다고 생각한다. 바로 그런 이유로 철학자들은 그 나무를 살아 있는 사물이라고 부른다. 또 자연의 나무들이 계절이 되면 다양한 꽃을 피우듯이, 돌의 재료도 꽃을 피울 때 더없이 아름다운 색깔들을 드러낸다. 마찬가지로, 철학자들은 자신의 나무의 열매가 하늘에 닿으려 노력한다고 말했다. 왜냐하면 철학의 흙으로부터 역겨운 해면의 가지 같은 어떤 본질이 일어나기 때문이다. 그래서 철학자들은 전체 기술이 방향을 바꾸는 지점은 본성이 살아 있는 것들에 있지, 물질이 살아 있는 것에 있지 않다는 의견을 제시했다. 또 철학자들의 돌이 살아 있는 사물들처럼 그 안에 영혼과 육체와 정신을 포함하고 있기 때문이다. 완전히 다르지 않을 정도의 유사성을 근거로, 철학자들은 자신의 물질을 처녀의 젖이라고 부르고, 장밋빛 피가 오직 예언자들과 신의 아들들에게만 있는 것임에도 불구하고 그것을 찬양했다. 이 때문에 궤변가들은 철학자의 물질이 동물 또는 인간의 피로 이뤄져 있다고 생각했다.

이어서 도른은 "천박하고 경솔한 사람들"이 연금술에 이용했던 물질들을 나열하고 있다. 오줌과 우유, 계란, 머리카락, 다양한 종류의 소금과 금속이 등장한다. 이 "궤변가들"은 상징적인 이름들을 구체적인 것으로 받아들이며 대단히 부적절한 성분들을 갖고 현자의 돌을 만들려고 시도한다. 그들은 틀림없이 그 시대의 화학자였으며, 그들은 상징적인 것을 구체적인 것으로 오해한 결과 평범한 물질을 갖고 작업했지만, 철학자들은 자신의 돌을 살아 있는 것으로 보았다. 왜냐하면 작업의 최종 단계에서 대단히 고귀한 불의 신비의 힘 덕분에, 그들의 물질과 그들의 용기(容器)에서 검붉은 액체가 피처럼 한 방울씩 배어나오기 때문이다. 그리고 이런 이유 때문에 철학자들은 마지막 날에 세상을 자유롭게 해방시킬, 더없이 순수한 인간이 이 땅에 와서 장밋빛 핏방울을 흘릴 것이며, 그로 인해 세상은 타락으로부터 구원을 받게 될 것이라고 예언했다. 마찬가지로, 그들의 돌의 피도 문둥병에 걸린 금속들과 인간들을 질병으로부터 해방시킬 것이다. 그런 까닭에 철학자들은 자신의 돌이 살아 있다고 말했다. 이와 관련해, 메르쿠리우스가 칼리드 왕에게 다음과 같이 말한다. "이 신비를 아는 것은 신의 예언자들에게만 허용된다." 그것이 돌이 살아 있다고 불리는 이유이다. 이 돌의 피 속에 돌의 영혼이 숨어 있기 때문이다. 돌은 또한 육체와 정신과 영혼으로 이뤄져 있다.

마찬가지 이유로, 철학자들은 돌을 자신들의 소우주라고 불렀다. 그것이 이 세상 만물의 모습을 담고 있기 때문이다.

따라서 철학자들은 다시 그것이 살아 있다고 말한다. 플라톤이 소우주에 대해 살아 있다고 말하듯이.

그러나 지금 무식한 존재들이 왔다. 그 돌이 삼중적이고, 3가지 종류 안에, 말하자면 식물적인 것과 동물적인 것과 광물적인 것 안에 숨어 있다고 믿는 사람들이다. 그래서 돌을 광물들 속에서 찾는 일이 벌어지게 되었다. 그러나 이 가르침은 철학자들의 의견과 너무나 거리가 멀다. 철학자들은 자신들의 돌이 똑같은 형태로 식물적이고 동물적이고 광물적이라고 주장했으니까.

이 놀라운 텍스트는 그 나무를 불가사의한 물질의 형이상학적인 형태로, 그러니까 자체의 법칙에 따라서 하나의 식물처럼 존재하고 성장하고 꽃을 피우고 열매를 맺는 그런 살아 있는 것으로 설명하고 있다. 이 식물은 바다 깊은 곳에서 자라는 해면과 비슷하고 맨드레이크[69]와 닮은 점이 있는 것 같다. 이어서 도른은 "본성이 살아 있는 것들"과 물질이 살아 있는 것들을 구분한다. 후자는 분명히 구체적이고 물질적인 유기체를 의미했다. 그러나 전자가 무엇을 의미하는지는 그

---

69 가지과 맨드레이크속에 속하는 식물을 말한다. 뿌리가 사람의 손가락을 닮았기 때문에 예부터 마법 의식에 많이 사용되었다. 최음제로 유명하다.

116

다지 분명하지 않다. 뽑힐 때 피를 흘리는 해면과 비명을 지르는 맨드레이크는 "식물성 물질"도 아니고, 적어도 우리가 아는 본성에서는 발견되지 않는다. 비록 그것들이 도른이 이해하는 바와 같이 보다 포괄적인 플라톤 철학의 본성, 그러니까 정신적 "동물계", 즉 신화소와 원형들까지 포함하는 본성에서는 일어날 수 있을지라도 말이다. 그런 것이 맨드레이크와 그 비슷한 유기체들이다. 도른이 그것을 어느 정도 구체적으로 시각화했는가 하는 것은 논란의 여지가 있는 문제이다. 어쨌든 "전혀 돌도 아니고 돌의 본성을 갖고 있지도 않은 돌"이 바로 이 범주에 속한다.

07

장미 색깔의 피와 장미

신비한 장미 색깔의 피는 몇몇 저자의 글에 나타난다. 예를 들어, 쿤라트(Heinrich Khunrath)[70]의 글을 보면, "꿈에 빠져 납의 산에서 나온 사자"가 장미 색깔의 피를 갖고 있었다. "모든 것과 모든 것을 정복하는 것"을 의미하는 이 사자는 조시모스의 완전성에 해당한다. 더 나아가, 쿤라트는 큰 희생을 치른 가톨릭의 장미 색깔의 피와, 대우주의 아들의 옆구리가 연금술의 힘에 의해 열릴 때 거기서 보편적인 치유의

---

70 중세 말의 독일 의사이자 연금술사(1560?-1650).

효과를 발휘하며 흐르는 에테르의 물에 대해 언급한다. 다른 수단이 아닌 바로 이 수단을 통해서, 식물성과 동물성, 광물성의 사물들은 불순물을 씻어냄으로써 자연과 일치를 이루면서 연금술에 의해서 자연에서 가장 완벽한 수준으로 끌어올려진다.

'아콰리움 사피엔툼'(Aquarium sapientum)에서, "대우주의 아들"(라피스)은 소우주의 아들인 예수 그리스도와 연결되고, 그리스도의 피는 붉은 팅크제인 제5 원소이다. 이것은 진정하면서 이중적인 메르쿠리우스 또는 2개의 본질을 가진 거한(巨漢)이고, … 본래 신이고, 내면에 천상의 영혼을 갖고 있는 인간이고, 영웅이다. 바로 이 천상의 영혼이 모든 사물들을 자극한다. 그는 모든 불완전한 육체들과 인간들을 완전하게 치료하는 유일한 존재이며, 영혼을 치료하는 천상의 의사이며,… 여호와라고 불리는, 삼위일체의 보편적인 정수이다.

연금술사들의 이런 찬사의 말들은 종종 악취미의 예로 폄하되거나 상상력 넘치는 공상으로 여겨지며 조롱당해 왔다. 내가 볼 때, 오히려 그 같은 조롱이야말로 터무니없는 것 같다. 연금술사들은 진지한 사람들이며, 따라서 그들을 진지하게 다루는 것이 우리의 편견과 절대로 어울리지 않을지라도, 연금술사들을 이해하려면 반드시 그들을 그런 존재로 보아야 한다. 그들의 돌을 세상의 구원자로 찬양하는 것은 절대로 연금술사들의 의도가 아니었다. 또 연금술사들은 그 돌에 알려졌거나 알려지지 않은 신화를 고의로 끌어들이지도 않았다. 그것은 우리가 꿈에 그런 신화를 고의로 끌어들이지 않는 것과 똑같다.

연금술사들은 단지 4개의 원소로 구성되어 있고 또 상반된 것들을 결합시키는 능력을 갖춘 어떤 실체에 관한 생각에서 이런 특징들을 발견했을 뿐이다. 그들은 이 발견에 경탄을 금치 못했다. 그것은 대단히 인상적인 꿈을 꾼 사람이 꿈의 내용과 정확히 맞아떨어지는 미지의 어떤 신화가 있다는 사실을 알게 되었을 때 놀라는 것과 똑같다. 따라서 연금술사들이 스스로 만들어낼 수 있다고 굳게 믿었던 그 돌 또는 빨간 팅크제에 그들이 그런 대상에 대한 생각에서 발견한 특성들을 부여하는 것은 전혀 이상한 일이 아니었다. 이런 식으로 접근하면, 연금술사의 사고방식의 특징을 보여주는 진술을 이해하는 것이 훨씬 더 쉬워진다. 앞에서 인용한 '아콰리움 사피엔툼'을 보면 같은 페이지에 이런 내용이 있다.

세속적이고 철학적인 이 돌이 그 물질 외에도 다양한 이름들을 갖고 있으며, 정말로 천 개나 되는 그 이름 때문에 불가사의하다는 소리를 들을지라도, 이것들과 앞에서 언급한 이름들과 명칭들은 전능한 신과 지상선(至上善)에 훨씬 더 잘, 아니 가장 잘 어울린다.

선입관을 가진 우리는 이 저자가 단순히 신의 속성들을 그돌로 넘기고 있다는 식으로 쉽게 단정할 수 있는데도, 그에게는 그런 생각이 절대로 떠오르지 않은 것이 분명하다.

이를 근거로 할 때, 연금술사들에게 돌은 바로 원초적인 종교적 경험이었던 것이 분명하며, 선한 기독교인들로서 그들은 그 경험을 자신의 신앙과 일치시켜야 했다. 이것은 소우주의 아들로서 예수 그리스도와 대우주의 아들로서 철학자의 돌 사이의 모호한 동일성 또는 유사성을, 심지어 예수 그리스도를 철학자의 돌로 대체하는 것까지 설명해준다.

장미의 신비가 연금술로 넘어가도록 만든 다리는 아마 라피스와 예수 그리스도의 유사성일 것이다. 이것은 무엇보다 책의 제목으로 "로사리움" 또는 "로사리우스"(장미 정원사)를 사용한다는 사실에 의해 분명해진다. 1550년에 인쇄

된 최초의『로사리움』(같은 제목의 책이 몇 권 있다)은 많은 부분이 아르날두스 데 비야 노바(Arnaldus de Villa Nova)[71]의 글로 채워지고 있다. 이 책은 여러 사람의 글을 모은 것인데, 그 글들의 역사적 요소들은 아직 정리되지 않았다. 아르날두스는 13세기 후반부를 산 인물이다. 그는『로사리움 쿰 피구리스』(Rosarium cum figuris)를 쓴 것으로 알려져 있으며, 여기서도 장미는 왕과 왕비의 관계를 상징하고 있다.『로사리움』의 삽화들을 싣고 있는 나의 책『전이의 심리학』(Psychology of The Transference)에 이에 관한 설명이 상세히 제시되고 있다.

장미는 막데부르크의 메히트힐트(Mechthild of Magdeburg)에게도 똑같은 의미를 지녔다. 주님이 그녀에게 "나의 가슴을 보라!"고 했다. 꽃잎이 5개인 너무나 아름다운 장미가 그의 가슴 전체를 덮고 있었다. 이어 주님이 "이 장미가 암시하는 다섯 가지 감각으로 나를 찬양하라."고 말했다. 뒤에 설명되는 바와 같이, 이 다섯 가지 감각이 그리스도가 인간을 사랑하는 도구이다(예를 들면, "후각을 통해 그리스

---

71   스페인의 의사이자 종교 개혁가, 연금술사(1240?-1311?).

도는 언제나 애정 어린 어떤 감정을 인간에게 쏟았다").

　영적인 의미에서, 장미는 '방향(芳香)의 정원'과 '신비의 장미'처럼 마리아의 한 비유이지만, 세속적인 의미에서 장미는 연인이고 시인들의 장미이고 진정한 사랑이다. 그리고 마리아가 생 베르나르(St. Bernard)[72]에 의해 땅의 중심으로, 라바누스 마우루스(Rabanus Maurus)[73]에 의해 "도시"로, 아드몬트의 대수도원장 고트프리트(Gottfried:1100-1165)에 의해 "요새"와 "신성한 지혜의 집"으로, 릴의 알랭(Alan of Lille)[74]에 의해 "깃발을 든 군대"로 우의적으로 해석되었던 것과 똑같이, 단테(Dante Alighieri)의 『신곡』중 '천국'에 나오는 천상의 장미에서 확인되듯이, 장미는 만다라의 의미를 지닌다. 장미와 동등한 의미를 지니는 인도의 연꽃처럼, 장미는 틀림없이 여성적이다. 막데부르크의 메히트힐트에서, 장미는 그녀 자신의 여성적인 에로스를 예수 그리스도에게 투사한 것으로 이해되어야 한다.

　연금술 속 구세주의 장밋빛 피는 연금술로 파고든 어떤 장

72　마리아를 깊이 사랑했던 12세기 시토회 수도사.
73　독일 마인츠에서 태어난 베네딕트회 수사이자 신학자(780?-856).
74　릴에서 태어난 프랑스 신학자이자 시인(1128?-1202?).

미 신비주의에서 비롯된 것 같고, 또 그 피는 붉은색 팅크제의 형태로 어떤 종류의 에로스의 치료 효과를 표현했던 것 같다. 이 상징에 관한 설명이 다소 이상하다는 점은 거기에 심리학적 개념이 전혀 없다는 사실에 의해 설명된다. 따라서 도른은 장밋빛 피를, "생명을 주는 물질"인 일반적인 피와 반대인 "생명을 주는 본성"으로 이해하지 않을 수 없었다. 도른이 말하는 바와 같이, 돌의 영혼은 돌의 피에 있다. 그 돌은 "완전한 인간"을 나타내기 때문에, 도른이 불가사의한 물질과 그 물질의 핏빛 땀에 대해 논하면서 "가장 진정한 인간"(putissimus homo)에 대해 말하는 것만이 논리적이었다. 이유는 그 논의가 모두 그런 인간에 관한 것이었기 때문이다. "그"는 불가사의이고 그 돌이며, 그 돌과 유사한 것 또는 돌의 원형은 겟세마네 동산의 그리스도이다. 이 "가장 순수한" 또는 "가장 진정한" 인간은 바로 그 인간 자신임에 틀림없다. "순수한 은"이 합금되지 않은 은이듯이 말이다. 그는 완전히 사람이어야 하고, 인간적인 모든 것을 알고 있고 또 갖고 있으며 밖으로부터 어떤 영향도 받지 않은 사람이어야 한다. 이 인간은 오직 "마지막 날"에만 이 땅에 나타날 것이다. 그는 그리스도일 수 없다. 왜냐하면 그리스도는 이미 자신의 피로 세상을 타락으로부터 구원했기 때문이다. 그리스도는 "가장 순수한 인간"일 수는 있어도 "가장 순수하지는" 않다. 그는 인간임에도 신이며, 순수한 은이 아니라 꽤 괜찮은 금이며, 따라서 "순수하지는" 않다. 여기서 그것은 미래의 그리스도와 같은 존재와 소우주 구세주의 문제가 절대로 아니며, 그보다는 연금술에서 말하는 우주의 수호자의 문제이다. 이 우주의 수호자는 전체적이고 완전한 인간에 관한 무의식적 관념을 나타내고 있으며, 그는 그리스도의 희생적인 죽음이 마무리하지 못한 채 남겨둔 것, 즉 세상을 악으로부터 구원하는 일을 완수할 것이다. 그리스도처럼, 그도 구원의 피를 흘릴 것이지만, 그 피는 "생명을 주는 본성"으로서 "장밋빛"이며, 자연스럽거나 평범한 피가 아니라 상징적인 피이고 정신적인 물질이며, 어떤 종류의 에로스의 표현이다. 이 에로스는 다수뿐만 아니라 개인을 장미의 표시로 통합시켜 완전하게 만들며, 따라서 만병통치약이고 예방약이다.

16세기 후반기는 장미십자회 운동[75]의 시작을 목격했다. 이

---

75 17세기 전반에 유럽 전역으로 퍼진 영적, 문화적 운동을 말한다. 고대에 있다가 사라진 비교(秘敎)의 가르침을 지키려고 노력한 신비주의적인 비밀결사로

운동의 모토('십자가를 통과해 장미로')는 연금술사들에 의해 예언되었다. 괴테(Johann Wolfgang von Goethe)는 이 에로스의 분위기를 자신의 시 '신비들'(Die Geheimnisse)에서 아주 잘 포착했다. 그런 운동들은 언제나 그것을 통해 보상이 이뤄지게 되는 어떤 사회적 결함을 암시한다. 감정적 울림이 강한 기독교의 사랑이라는 사상도 마찬가지이다. 역사적 관점에서, 우리는 고대에 이런 사회적 결함이 무엇이었는지를 꽤 분명하게 볼 수 있다. 중세도 마찬가지이다. 당시에, 잔혹하고 신뢰할 수 없는 법들과 봉건적인 조건 때문에, 인간의 권리와 인간의 존엄이 심각한 곤경에 처해 있었다. 그런 상태에서 기독교의 사랑이 꽤 적절한 것으로 여겨졌을 것이다. 그러나 만약에 그 사랑이 맹목적이고 통찰력을 결여하고 있다면? 죄 많은 양들의 영적 행복에 대한 걱정은 토르케마다(Torquemada)[76] 같은 사람의 행위까지도 설명할 수 있다. 이해력을 수반하지 않는 사랑은 아무런 소용이 없다. 그리고 이해력을 적절히 활용하려면, 더욱 폭넓은 의식이 필요

여겨진다.

76   도미니크 수도회의 수사(1420-1498)였으며 스페인 최초의 종교 재판소 소장을 지냈다. 이단자와 유대인들을 무차별적으로 화형에 처함으로써 종교적 광기의 상징 같은 인물이 되었다.

하고 지평을 확장할 수 있는 더욱 높은 관점이 필요하다. 그것이 하나의 역사적인 힘으로서 기독교가 사람에게 이웃을 사랑하라고 훈계하는 것으로 만족하지 않고 보다 높은 문화적 과제까지 수행했던 이유였다. 이 부분은 아무리 높이 평가해도 지나치지 않다. 틀림없이 그것을 위해서 사랑이 필요하지만, 그 사랑은 어디까지나 통찰력과 이해력이 결합된 사랑이었다. 그 사랑의 기능은 아직도 어두운 영역들에 불을 밝히고 그 영역들을 의식에 더하는 것이다. 그 영역은 정신의 안에 있는 영역뿐만 아니라 외부 세상의 영역도 포함한다. 사랑은 맹목적일수록 본능적이며 파괴적인 결과를 낳기 쉽다. 이유는 사랑이란 것이 형식과 방향을 필요로 하는 하나의 활력이기 때문이다. 따라서 보상적인 로고스가 어둠을 밝히는 불빛으로서 사랑과 결합되었다. 자기 자신을 모르는 사람은 맹목적이고 본능적으로 행동하며, 게다가 그 사람은 자신이 의식하지 않고 있는 것을 볼 때마다 일어나게 되는 온갖 망상에 속기 마련이다.

08

연금술사의 정신

연금술사들은 앞에 말한 그런 정신 상태를 어렴풋이 감지했던 것 같다. 어쨌든, 그런 정신 상태가 연금술사들의 작업과 결합되었다. 이미 14세기에 연금술사들은 자신이 추구하는 것이 그들에게 온갖 종류의 신비한 물질들과 치료들, 독물들을 상기시켰을 뿐만 아니라, 다양한 살아 있는 것들, 식물들과 동물들, 마지막으로 이상한 신화적인 형상, 이를테면 난쟁이와 흙의 영혼이나 금속의 영혼, 심지어 신인(新人) 같은 것까지 상기시킨다는 사실을 깨달았다. 한 예로, 14세기 전반기에 페라라의 페트루스 보누스(Petrus Bonus)는 어느 편지에서 라제스(Rhazes)[77]가 이런 말을 했다고 썼다.

이 붉은 돌을 가진 철학자들은 자신을 다른 사람들보다 더 높은 존재로 여기면서 미래를 예견했다. 그들은 대체적인 예언만 아니라 구체적인 예언까지 했다. 따라서 그들은 심판의 날과 세상의 종말, 그리고 각 영혼이 이전의 육체와 결합하고 육체로부터 더 이상 분리되지 않는 죽은 자의 부활이 와야 한다는 것을 알았다. 그러면 신의 영광을 받은 육체는 변화하고, 불후의 성격과 밝음과 극도의 섬세함을 갖게 되며, 온갖 단단한 것들 속으로 스며들 것이다. 왜냐하면 그렇게 되는 경우에 육체의 본질이 육체의 본질일 뿐만 아니라 정신의 본질이기도 하기 때문이다. … 그것은 축축하게 젖은 상태에서 여러 밤 동안 내버려 두는 경우에 죽은 사람과 비슷해지는 어떤 본성이며, 그 다음에 그것은 불을 필요로 한다. 그 육체의 정신이 밖으로 빠져나와서 여러 밤을 견디다가 마침내 무덤 속의 사람처럼 먼지로 쓰러질 때까지, 불이 필요한 것이다. 그리고 이 모든 일이 일어났을 때, 신이 그것에 영

---

77   페르시아 철학자이며 의사, 연금술사(A.D. 854-925). 라제스는 라틴어 이름이고 본명은 무함마드 자카리야 라지(Muhammad Zakariyyā Rāzī)이다.

혼과 육체를 되돌려주고 결합을 제거할 것이다. 이제 그것은 강화되고 향상될 것이다. 인간이 부활한 뒤에 이승에 있을 때보다 더 강해지고 젊어지듯이. … 따라서 철학자들은 이 기술에서, 말하자면 합리적이기보다는 기적적인 이 돌의 발생과 탄생에서 최후의 심판을 보았다. 왜냐하면 그날, 미화될 영혼이 정신의 중재를 통해서 이전의 육체와 결합하며 영원한 영광을 누리게 되기 때문이다. … 이 기술을 실행했던 옛날 철학자들도 또한 그렇게 알았으며, 그들은 처녀가 잉태하고 낳아야 한다는 입장을 고수했다. 왜냐하면 그들의 기술에서 돌이 저절로 잉태하고, 임신하고, 자신을 낳기 때문이다. … 그리고 그들은 자신들이 이 돌의 기적적인 잉태와 임신과 탄생과 영양 공급을 보았기 때문에 처녀인 어떤 여인이 남자 없이 잉태하고 임신하고 기적적인 방법으로 낳고도 여전히 처녀로 남을 것이라고 결론을 내렸다. … 알피디우스(Alphidius)[78]가 말하는 바와 같이, 이 돌은 거리로 던져져, 구름 속으로 올라가서, 대기 속에서 살며, 강에서 영양을 채우고 산 정상에서 휴식을 취한다. 그것의 어머니는 처녀이며,

---

78 중세의 아랍 연금술사이며, 14세기의 글에 인용되는 것 외에 그에 대해 알려진 것은 거의 없다.

그것의 아버지는 여자를 모른다. … 철학자들은 또한 신은 이 기술의 마지막 날에 인간이 되어야 하며, 그것이 이 작업의 마무리라는 것을 알았다. 낳는 자와 태어난 자가 하나가 되고, 늙은이와 소년, 아버지와 아들이 하나가 되고, 그리하여 모든 낡은 것들이 새로워지는 것이다. 신 자신이 자연의 이런 변성 능력을 자신의 철학자들과 예언자들에게 넘겼으며, 신은 이들의 영혼을 위해서 자신의 낙원에 거주지를 마련해 두었다.

이 텍스트가 아주 분명하게 보여주고 있듯이, 페트루스 보누스는 연금술 작업이 구세주의 잉태와 출생과 부활의 그 성스런 신화를 그대로 예상했다는 것을 발견했다. 그가 그 기술의 고대 권위자들, 예를 들면 헤르메스 트리스메기스투스와 모세, 플라톤 등이 오래 전에 전체 과정을 알고 있었기 때문에 예수 그리스도에서 다가올 구원을 예언했다고 꽤 강하게 확신하고 있었으니 말이다. 그는 상황이 정반대일 수도 있다는 점을, 그리고 연금술사들이 교회의 전통에 의존했고, 따라서 신성한 전설을 흉내내고 있었다는 점을 전혀 알지 못했다. 페트루스 보누스의 무의식은 단순히 놀라운 수준 그 이상이었다. 그 같은 사실은 많은 것을 암시한다. 이런 어이 없는 맹목성은 그 뒤에 똑같이 막강한 어떤 동기가 작용하고 있었던 것이 분명하다는 점을 보여준다.

　보누스가 이런 선언을 한 최초의 인물이지만 유일한 인물은 아니었다. 이어지는 300년 동안에, 그 같은 선언은 점점더 널리 퍼지게 되었으며 급기야는 분노를 야기하기에 이르렀다. 보누스는 학식이 높은 학자였으며, 자신의 종교적 믿음과 꽤 달리, 지적으로 자신의 오류를 인식할 수 있는 위치에 있었던 사람이다. 그러나 그가 이런 견해를 갖도록 강요한 것은 교회의 전통보다 더 오래된 어떤 원천이었다. 연금술 작업을 벌이는 과정에 일어나는 화학적 변화에 대해 깊이 생각할 때, 그의 정신은 원형적, 신화적 유사점들과 해석들로 가득 찼다. 고대의 이교도 연금술사들에게 일어났고, 또 오늘날에도 무의식의 산물들을 관찰하고 조사하면서 상상력을 맘껏 발휘하는 경우에 일어나는 것과 똑같은 현상이 그에게 나타났던 것이다. 이런 조건에서, 기독교 신화를 포함한 다양한 신화적 모티브와 유사한 것들을 발견할 수 있는 그런 사고의 형태들이 나타난다. 이 유사성은 처음 얼핏 볼 때에도 뚜렷이 드러났을 것이다.

화학 물질의 본질에 대해서는 아무것도 모르는 상태에서 이 문제에서 저 문제로 비틀거리며 나아가던 고대의 연금술사들도 마찬가지였다. 그들은 자신의 정신의 텅 빈 어둠 속으로 밀려들어온 불가사의한 생각들의 압도적인 힘을 무계획적으로 따라야 했다. 그 깊은 곳에서, 그 과정의 본질과 그것의 목표를 밝혀주는 어떤 불빛이 점진적으로 그들 위를 비췄다. 그들이 물질의 법칙들을 몰랐기 때문에, 물질의 행동은 그 물질에 대한 그들의 원형적인 인식과 모순되지 않았다. 충분히 예상할 수 있듯이, 이따금 연금술사들은 작업 중에 화학적 발견을 이뤘지만, 그들이 진정으로 발견했고 또 그들에게 끝없는 매력의 원천이 되어 주었던 것은 바로 개성화 과정의 상징이었다.

페트루스 보누스는 완전히 다른 방식으로 발견된 연금술의 상징들이 기독교의 구원 이야기의 상징들과 놀라울 정도로 일치한다는 점을 인식하지 않을 수 없었다. 연금술사들은 물질의 비밀들을 알아내려고 노력하다가 뜻하지 않게 무의식의 세계로 들어섰으며, 따라서 그들은 처음에 그것이 무엇인지도 모르는 상태에서 특히 기독교 상징의 바탕을 이루는 어떤 과정의 발견자들이 되었다. 연금술사들 중에서 보다 사색적인 사람들이 그 돌을 추구하는 작업이 실제로 어떤 일인지를 깨닫는 데는 2세기 이상의 세월이 걸리지 않았다. 처음에는 머뭇거리듯 암시를 하나씩 내놓다가 그 다음에는 누구도 놓칠 수 없을 만큼 명료하게, 그 돌은 연금술사들에게 그것이 인간 자신과, 인간의 안에서 실제로 발견될 수 있는 상위의 어떤 요소와, 도른의 "퀴드"(quid)[79]와 동일하다는 점을 분명히 드러냈다. 내가 다른 곳에서 보여준 바와 같이, 그런 것들은 오늘날 별 어려움 없이 자기와 동일시될 수 있다.

다양한 길로, 연금술사들은 라피스와 그리스도의 유사성을 받아들이려 노력했다. 그럼에도 그들은 해답을 발견하지 못했으며, 그들의 개념적인 언어가 물질로 투사되는 것으로부터 자유로워지고 심리학적 언어가 되지 않는 이상, 해답을 찾는 것은 불가능한 일이었다. 그 다음 몇 세기에 걸쳐 자연과학이 발전하고 나서야, 투사가 물질로부터 거둬들여져 정신과 함께 완전히 폐기되었다. 의식의 이 같은 발달은 아직 그 끝에 이르지 않았다. 이제 어느 누구도 더 이상 물질에 신

---

79 영어로 'what'으로 옮겨지는 라틴어 단어.

화적인 특성을 부여하지 않는 것은 사실이다. 이런 형태의 투사는 시대에 뒤처지게 되었다. 지금 투사는 개인적 및 사회적 관계에, 정치적 유토피아와 그 비슷한 것들에 국한되고 있다. 자연은 신화적 해석으로 인해 두려워할 것이 더 이상 없지만, 정신의 영역, 보다 구체적으로 말해, 일반적으로 "형이상학"이라는 이름으로 통하는 영역은 신화적 해석으로 인해 두려워할 것이 있다.

그 영역에서, 절대적 진리를 표현하고 있다고 주장하는 신화소들이 아직도 서로를 끌어내리고 있으며, 자신의 신화소를 충분히 엄숙한 단어로 담아낼 수 있는 사람은 누구나 자신이 타당한 진술을 하고 있다고 믿으면서, 심지어 인간의 제한적인 지능을 인정하는 그런 겸손조차 보이지 않는 것을 오히려 미덕으로 여기기도 한다.

신화소들을 다뤄야 하는 상황에 처할 때마다, 그것들이 겉으로 보이는 것보다 훨씬 더 많은 것을 의미한다고 단정하는 것이 바람직하다. 꿈들이 이미 알려진 무엇인가를 감추거나 위장해서 표현하지 않고 오히려 아직 무의식적인 사실을 가능한 한 명쾌하게 서술하려고 노력하는 것과 똑같이, 신화와 연금술의 상징들은 부자연스런 비밀들을 숨기고 있는, 에우

헤메로스(Euhemerus)[80]가 말하는 그런 상징이 아니다. 반대로, 신화와 원형적 상징들은 자연의 비밀들을 의식적인 언어로 바꿔놓으려고 노력하며 인류에게 공통적인 진리를 선언하는 일을 추구하고 있다. 개인은 의식적인 존재가 됨으로써 더욱 고립될 위험에 처하게 되지만, 그럼에도 불구하고 고립은 의식의 분화에 반드시 필요한 조건이다. 이 위험이 커질수록, 그것은 모든 인간들에게 공통적인 집단적, 원형적 상징들의 산물들에 의한 보상을 더욱 많이 받게 된다.

이 같은 사실은 일반적으로 종교들, 그러니까 개인과 신의 관계 때문에 무의식의 강력한 이미지들이나 본능적인 힘들과의 결정적인 연결이 끊어질 수 없는 종교들에서 확인되고 있다. 종교 사상들이 그 광휘를, 즉 신자들을 오싹하게 만들 힘을 잃지 않는 이상, 당연히 이 말이 맞다. 그러나 이 힘을 상실하기만 하면, 그것은 합리적인 것으로는 절대로 대체되지 못한다. 그러면 보상적인 원초적인 이미지들이 신화적인 관념으로, 그러니까 연금술이 풍부하게 낳았고 우리의 꿈에서도 발견되는 그런 신화적 관념으로 나타난다. 연금술에

---

80 B.C. 4세기 후반의 학자로, 신화는 실제 역사를 반영하고 있다는 주장을 폈다. 실제의 역사적 사건이 전해지면서 다양한 변형을 거친 것이 신화라는 설명이었다.

서나 우리의 꿈에서나, 의식은 이런 놀랄 만한 표현들에 똑같은 방식으로 반응한다. 연금술사는 자신의 상징들을 자신이 다루고 있는 화학 물질로 환원시켰고, 현대인은 그 상징들을 개인적인 경험으로 환원시킨다. 지크문트 프로이트(Sigmund Freud)도 마찬가지로 꿈들을 해석하면서 그렇게 하고 있다.

연금술사와 현대인은 똑같이 마치 자신들이 상징들의 의미를 어느 정도의 양(量)으로 환원시킬 수 있는지를 아는 것처럼 행동한다. 그리고 둘의 행동은 어떤 의미에서 보면 맞다. 왜냐하면 연금술사가 연금술이라는 자신의 꿈의 언어에 갇혀 있듯이, 현대인도 아집의 올가미에 갇힌 채 개인적인 심리 문제들을 비유적 표현으로 이용하고 있기 때문이다. 연금술사나 현대인이나 똑같이, 표상의 재료는 이미 존재하고 있는 의식의 내용물에서 나온다. 그러나 이 환원의 결과가 그다지 만족스럽지 못하다. 사실은 그 결과가 만족과 거리가 아주 멀기 때문에, 프로이트는 거꾸로 과거로 최대한 멀리 돌아가야 한다고 느꼈다. 그렇게 하면서, 그는 마지막으로 너무도 특이한 생각인 근친상간이라는 원형을 떠올리게 되었다. 그리하여 그는 상징 생산의 진정한 의미와 목적을 어느 정도 표현하는 무엇인가를 발견했다. 무의식이 상징을 만들어내는 진정한 목적은 개인이 모든 인간들에게 있는 원초적인 이미지들을 자각하게 함으로써, 고립에서 빠져나오도록 하는 데 있다.

프로이트의 독단적인 경직성은 그가 자신이 발견한 그 원초적 이미지의 신비한 효과에 굴복했다는 사실에 의해 설명된다. 만약에 프로이트가 주장한 바와 같이 우리가 근친상간 동기를 연금술의 상징뿐만 아니라 모든 현대인의 심리적 문제의 원인으로 받아들인다면, 그 같은 인식은 상징들의 의미와 관련해 우리에게 아무런 이야기를 들려주지 못한다. 반대로, 우리가 가망 없는 막다른 골목으로 들어서게 된다. 이유는 우리가 현재와 미래의 모든 상징이 원초적인 근친상간에서만 비롯된다고 말해야 하기 때문이다. 그것이 바로 프로이트가 실제로 생각했던 바이다. 그가 언젠가 나에게 이런 말을 했으니 말이다. "신경증 환자들의 상징이 의미하는 바가 미래에 일반적으로 알려지게 될 때, 그 환자들이 어떻게 할 것인지가 너무나 궁금하다."

다행히도, 상징들은 얼핏 봐서 알 수 있는 것보다 훨씬 더 많은 것을 의미한다. 상징의 의미는 그것이 제대로 적응하지 못한, 말하자면 목표를 다 이루지 못한 의식의 태도를 보상한다는 사실에, 그리고 제대로 이해하기만 하면 상징이 의식의 태도가 목표를 성취할 수 있도록 도와준다는 사실에 있다. 그러나 만약에 상징들이 다른 무엇인가로 환원되어 버린다면, 그 상징들을 해석하는 것은 불가능해진다. 그것이 훗날, 특히 16세기에 일부 연금술사들이 천박한 물질들을 혐오하며 그것들을 원형의 본질이 희미하게 나타날 수 있는 "상징적인" 물질로 대체한 이유이다. 이것은 연금술 숙련자가 실험실에서 작업하는 것을 그만두었다는 뜻은 아니다. 단지 연금술 숙련자가 변질의 상징적 측면에 눈길을 주었다는 뜻일 뿐이다. 이것은 현재의 무의식의 심리학이 처한 상황과 일치한다. 개인적 문제들이 간과되지 않고 있는 사이에 (환자 본인이 자신의 문제에 신경을 얼마나 많이 쓰고 있는가!), 분석가들이 문제들의 상징적 측면에 관심을 쏟고 있으니 말이다. 그것은 치료가 오직 환자가 자기 자신으로부터, 그러니까 자아에 얽힌 상태로부터 벗어나도록 할 수 있는 것에서만 나올 수 있기 때문이다.

09

나무의 다양한 양상들

나무가 연금술사들에게 어떤 의미를 지녔는지 확실히 파악하는 것은 단 하나의 해석이나 텍스트로는 불가능하다. 그 의미를 발견하기 위해서, 아주 많은 출처들을 비교해야 한다. 그러므로 나무에 관한 추가적인 진술로 눈길을 돌릴 것이다.

나무 그림은 중세의 텍스트에 종종 보인다. 그 그림들 중 일부는 『심리학과 연금술』에 실렸다. 원형은 가끔 낙원의 나무이다. 거기엔 『무세움 헤르메티쿰』(Musaeum hermeticum)[81]

---

[81] 1625년에 독일 프랑크푸르트에서 출간된 책으로 연금술 관련 논문을 다수 모았다. 제목의 뜻은 '연금술 총서'로 보면 될 것 같다.

에 실린 미하엘 마이어의 논문 속의 나무들처럼, 사과가 아니라 해와 달의 과일이 달려 있다. 아니면 7개의 행성들이 장식되어 있고, 연금술 과정의 일곱 단계의 비유로 둘러싸여 있는 일종의 크리스마스트리이다. 나무 밑에 서 있는 것은 아담과 이브가 아니라 늙은이로서 헤르메스 트리스메기스투스이고 젊은이로서 숙련자이다. 헤르메스 트리스메기스투스 뒤에 킹 솔(King Sol)[82]이 불을 뿜는 용과 동행하고 있는 사자 위에 앉아 있으며, 숙련자의 옆에는 달의 여신 디아나가 독수리와 동행하고 있는 고래 위에 앉아 있다. 나무는 일반적으로 잎이 무성하고 싱싱하지만, 나무가 대단히 추상적이고 연금술 과정의 단계들을 분명히 나타내는 경우도 가끔 있다.

『리플리 스크롤』(Ripley Scrowle)에서, 낙원의 뱀은 멜루시나[83]의 모습으로 나무의 꼭대기에서 살고 있다. 이것은 성경이 아니라 원시적이고 샤먼적인 모티브와 연결된다. 아마 숙련자일 어떤 남자가 나무를 반쯤 올라가다가 위에서 아래로 내

---

82 솔은 로마 신화에서 태양신을 말한다.
83 유럽 민속에 등장하는 형상으로 신성한 샘이나 강에 사는 여자 정령이다. 대체로 아랫부분이 뱀이나 물고기이고, 상체는 아름다운 여자의 모습으로 그려진다.

려오고 있는 멜루시나 또는 릴리트[84]를 만난다는 모티브 말이다. 마법의 나무를 오르는 것은 샤먼의 천상의 여행이며, 그 여행을 하는 동안에 샤먼은 천상의 배우자를 만난다. 중세 기독교에서, 샤먼의 아니마가 릴리트로 변형되었으며, 전설에 따르면, 릴리트는 낙원의 뱀이었고 아담의 첫 번째 아내였으며, 이 아내와 함께 아담은 일단의 악마들을 낳았다. 나는 나의 환자들이 그린 그림에서 나무를 올라가는 모티브를 한 번도 보지 못했으며, 단지 꿈의 모티브로만 접할 수 있었다. 상승과 하강의 모티브는 현대의 꿈에서 주로 산이나 건물이나 간혹 기계(리프트와 비행기 등)와의 연결 속에서 나타난다.

나뭇잎이 없거나 죽은 나무의 모티브는 연금술에서 흔하지 않지만, 유대-기독교 전통에서는 인간의 타락 이후에 죽어 버린 낙원의 나무로 발견된다. 오래된 어느 영국 전설은 세트[85]가 에덴동산에서 본 것에 대해 전하고 있다. 낙원의 한가운데에 빛나는 샘이 하나 솟았으며, 거기서 4개의 강이 흘러 전 세계에 물을 흘려보내고 있다. 그 샘 위로 가지가 많은 거대한 나무가 하나 서 있었지만, 그 나무는 껍

---

84 유대 신화를 비롯해 메소포타미아 문명권의 텍스트에 등장하는 여성이다.
85 '구약성경' 창세기에서 아담과 이브의 셋째 아들로 나온다.

질도 없고 잎도 없어서 늙은 나무처럼 보였다. 세트는 그것이 자기 부모가 과일을 따먹은 나무라는 것을 알았다. 바로 그런 이유로 그 나무가 헐벗은 상태로 서 있었으니까. 세트는 더욱 주의 깊게 살피다가 허물이 없는 벌거벗은 뱀이 그 나무를 칭칭 감고 있는 것을 보았다. 이브가 금단의 열매를 따먹도록 유혹한 뱀이었다. 세트는 낙원을 다시 보다가 그 나무가 큰 변화를 겪었다는 사실을 확인했다. 나무가 지금은 껍질과 나뭇잎으로 덮여 있었으며, 꼭대기 부분에 갓난 아기가 포대기에 싸인 채 놓여 있었던 것이다. 아기는 아담의 죄 때문에 울부짖고 있었다. 이것이 바로 두 번째 아담인 그리스도였다. 그는 그리스도의 계보를 그린 그림에서 아담의 몸에서 자라나는 것으로 그려지는 나무의 꼭대기에서 발견된다.

또 다른 연금술 모티브는 꼭대기를 자른 나무이다. 프란체스코 콜로나(Francesco Colonna)의 『힙네로토마키아 폴리필리』(Hypnerotomachia Poliphili)(베네치아, 1499)의 프랑스어판(1600) 표지 삽화에서, 꼭대기 자른 나무는 로이스너의 『판도라』(1588)에 연금술 모티브로 등장하는 발톱 잘린 사자와 비슷한 것으로 등장한다. 카발라[86]의 영향을 받은 블레즈 드 비제네르(Blaise de Vigenère)는 붉은 죽음의 광선을 발산했던 "죽음의 나무의 줄기"에 대해 말하고 있다. "죽음의 나무"는 "관"의 동의어이다. "나무를 잘라서 그 안에 늙은 남자를 놓아라"라는 이상한 비법은 아마 이런 의미에서 이해될 수 있을 것이다. 이 모티브는 역사가 대단히 깊으며 제19 왕조의 파피루스에 보존되어 있는, 고대 이집트의 바타[87]의 이야기에도 나타난다. 거기 보면 영웅은 자신의 영혼을 아카시아 나무의 가장 높은 곳의 꽃 위에 놓았다. 그 나무가 반역적인 의도 때문에 잘렸을 때, 그의 영혼은 어떤 씨앗의 형태 안에서 다시 발견되었다. 이 씨앗을 통해서, 죽은 바타는 다시 생명을 얻었다. 그가 수소의 형태로 두 번째 죽음을 당했을 때, 그 피에서 상록수 두 그루가 자라났다. 그러나 이 상록수들이 잘렸을 때, 그 나무의 조각 하나가 왕비를 임신시켰고, 그녀는 아들을 낳았다. 그 아들이 바로 부활한 바타였으며, 그는 이제 신성한 존재인 파라오가 되었다. 여기서 나무는 변질의 도구임이 분명하다. 비제네르의 나무줄기

---

86 유대교 신비주의 사상으로 단어의 뜻은 전해오는 지혜와 믿음이다.
87 고대 이집트의 신왕국의 수소의 신.

도『힙네로토마키아 폴리필리』에 나오는 꼭대기 잘린 나무와 비슷하다. 이 이미지는 아마 예수 그리스도를 "수난의 시기에 잘린 나무"에 빗댔던 카시오도루스(Cassiodorus)까지 거슬러 올라갈 것이다.

그 나무는 꽃과 열매를 맺은 상태로 나타나는 경우가 더 자주 있다. 아랍 연금술사인 아불 케심(Abu'l Qesim: 13세기)은 4가지 종류의 꽃을 빨간색, 흰색과 검정색의 중간색, 검정색, 흰색과 노란색의 중간색으로 묘사하고 있다. 4가지 색깔은 연금술 작업에서 결합하는 4가지 원소를 가리킨다. 완전성의 상징으로서 콰테르니티는 연금술 작업의 목표가 모든 것을 포용하는 어떤 통합의 산물이라는 것을 의미한다. 이중의 콰테르니티, 즉 오그도아드의 모티브는 샤머니즘에서 세계수와 연결된다. 8개의 가지를 가진 우주수가 최초의 샤먼의 창조와 동시에 심어지는 것이다. 8개의 가지는 8명의 위대한 신들에 해당한다.

『투르바 필로소포룸』(Turba Philosophorum)[88]은 열매를 달고 있는 나무에 대해 많은 말을 하고 있다. 그 나무의 열매

---

88   유럽 연금술 관련 서적으로 가장 오래된 것에 속한다. A.D. 900년경의 저술로 여겨진다. 제목은 '철학자들의 모임'이라는 뜻이다.

들은 종류가 특별하다. '비시오 아리슬레이'(Visio Arislei)[89]는 "이 가장 소중한 나무"에 대해 말하고 있다. "이 나무의 열매를 먹는 사람은 절대로 허기를 느끼지 않게 될 것이다." 『투르바 필로소포룸』에서 이와 비슷한 대목은 이렇게 되어 있다. "그 늙은이는 그 나무의 열매를 먹는 일을 중단하지 않는다. ··· 그러다 보면 급기야 늙은이는 청년이 될 것이다."

여기서 이 열매들은 '요한복음' 6장 35절에 나오는 생명의 빵과 동일하지만, 그것들은 '요한복음'을 넘어 '에티오피아 에녹서'(Ethiopic Book of Enoch)(B.C. 2세기)까지 거슬러 올라가며, 거길 보면 서쪽 땅에서 그 나무의 열매들은 선민들의 음식이 될 것이라는 말이 나온다. 이것은 틀림없이 죽음과 부활의 암시이다. 그것은 언제나 나무의 열매인 것이 아니라 밀의 낟알이기도 하며, 『아우로라 콘수르겐스』(Aurora consurgens)[90] 1부에 "이 곡물의 열매들로부터 하늘에서 내려오는 생명의 음식이 만들어지고"라고 되어 있듯이, 이 낟알을 갖고 불멸의 음식을 준비한다. 여기서 만나와 호스티아, 만병통치약은 어떤 신비의 혼합물을 형성한다.

89 아리슬레우스(Arisleus)의 환상이라는 뜻이다.
90 15세기 연금술 논문으로 삽화가 많은 것으로 유명하다.

기적의 영적 음식이라는 똑같은 사상은 아리슬레우스의 환상에도 언급되고 있다. 거기에는 "피타고라스의 제자"이자 "영양(營養)의 창조자"인 하르포레토스(Harforetus)가 틀림없이, 루스카(Julius Ruska)가 정리한 '베를린 코덱스'(Berlin Codex) Q. 584에 언급된 그 나무의 열매들을 갖고 아리슬레우스와 그의 동료들을 도우러 왔던 것으로 되어 있다. '에녹서'에, 지혜의 나무의 열매들은 포도와 비슷하게 생겼으며, 중세에 철학의 나무가 가끔 포도나무라 불렸다는 점에서 보면 이것은 흥미를 불러일으킨다. '요한복음' 15장 1절에도 "나는 진정한 포도나무이다."라고 되어 있다. 그 나무의 열매와 씨앗은 또한 낙원의 두 그루의 나무가 뜻하는 해와 달로 불렸다. 해와 달 열매들은 아마 '신명기' 33장 13절까지 거슬러 올라갈 것이다. "그의 땅이 하느님의 복을 받아 … 태양과 달에 의해 생겨난 과일들, … 그리고 영원한 언덕들의 열매들이 내릴지어다." 라우렌치우스 벤투라(Laurentius Ventura)는 "이 사과는 달콤한 향기가 나고, 작은데도 색깔이 아주 진하다."고 말하고, 가짜 아리스토텔레스(pseudo-Aristotle)는 '트락타투스 아드 알렉산드룸 마늄'(Tractatus ad Alexandrum Magnum)에서 "열매들을 모아라. 이 나무의 열매가 우리를 어둠 속으로 이끌고 어둠을 통과하도록 할 것이니까."라고 말한다. 이 모호한 조언은 틀림없이 지배적인 세계관과 조화를 이루지 못하는 어떤 지식을 암시한다.

베네딕투스 피굴루스(Benedictus Figulus)는 그 열매를 "축복 받은 철학의 나무에서 딴 헤스페리데스의 황금 사과"라고 부른다. 나무는 연금술 작업을 나타내고, 열매는 그 결과물을 나타낸다. 열매가 황금인 것에 대해, 그는 "우리의 금은 일반적인 금이 아니다."라고 말한다. '글로리아 문디'(Gloria mundi)[91]의 한 부분이 그 열매의 의미를 특별히 밝히고 있다. "철학자들이 말하는, 나무들 위에서 자라는 불 또는 생석회를 취하라. 그 불 속에서 신이 신성한 사랑으로 타고 있으니까." 신은 태양의 불같은 빛 속에 거주하고 있으며 철학의 나무의 열매로, 따라서 연금술의 산물로 나타난다. 연금술 작업의 과정은 나무의 성장에 의해 상징적으로 표현된다. 여기서 만약에 연금술 작업의 목적이 세상을 창조하는 신의 영혼을 피시스(Physis)[92]의 사슬로부터 풀어놓는 것이라는 점을 기억한다면, 이 말에서 이상한 구석은 사라진다.

91 1625년에 출간된 『연금술 총서』에 수록되었다. '세상의 영광'이란 뜻이다.
92 자연을 뜻했던 고대 그리스의 철학적, 신학적, 과학적 용어.

여기서 이 사상은 우리에게 주로 이집트 문화와 미트라교를 통해 알려지게 된 나무에서의 탄생이라는 원형을 강화한다. 샤머니즘에 널리 퍼져 있는 한 가지 인식은 세계의 지배자가 세계수의 꼭대기에 산다는 것이다. 그리고 기독교에서 구세주를 그의 계통수의 꼭대기에 놓는 것도 이와 비슷한 것으로 여겨질 수 있다. 〈그림 27〉에서, "어떤 꽃의 암술처럼" 올라오는 여자의 머리는 오스터부르켄(독일)에 있는 미트라의 부조(浮彫)와 비교할 수 있다.

나무는 가끔 작고 어려서 "밀알의 작은 나무들" 같고, 또 가끔은 참나무나 세계수의 모양을 취하면서 해와 달을 열매로 달고 있으니 크고 늙었다.

10

철학의 나무의 서식지

철학의 나무는 보통 홀로, 그리고 아불 케심에 따르면, 서쪽 땅의 "바다 위에서" 자란다. 바다 위라는 것은 아마 섬에서 자란다는 뜻일 것이다. 연금술 숙련자들의 은밀한 달 식물은 "바다에 심어진 나무"와 비슷하다. 밀리우스(Martin Mylius: 1542-1611)의 어느 비유를 보면, 해와 달 나무가 바다의 어떤 섬에 서 있으며, 그 나무는 해와 달의 광선에서 비롯된 자력(磁力)에 의해 추출된 신비의 물에서 자란다. 쿤라트는 "소금기 있는 이 작은 샘에서 또한 해와 달의 나무가, 우리 바다의 빨갛고 흰 산호 나무가 자란다."고 말한다. 쿤라트에게 소금과 바닷물은 특히 철학자들이 빨 젖가슴을 가진, 어머니 같은 소피아를 의미한다. 아불 케심은 페르시아의 전설들(그의 성 알-이라키(al-Iraqi)는 그가 지리적으로 페르시아와 가깝다는 것을 암시한다)을, 구체적으로 부루카샤라는 바다에서 자라는, 『분다히쉬』(Bundahish)[93] 속의 나무 또는 아르비 수라 아나히타[94]의 샘에서 자라는 생명수 전설을 잘 알고 있었을 것이다.

그 나무(혹은 불가사의한 식물)는 산에서도 자란다. '에녹서'의 이미지가 종종 하나의 모형으로 채택되고 있기 때문에, 거기서 서쪽 땅의 나무가 어느 산에 서 있는 것으로 되어 있다는 점에 대해 언급해야 한다. '프락티카 마리에 프로페치세'(Practica Mariae Prophetissae)에서, 불가사의한 식물은 "언덕에서 자라는" 것으로 묘사되고 있다. '키타브 엘 포쿨'(Kitab el Focul)에 나오는 오스타네스(Ostanes)[95]의 아랍어 논문은 "그것은 산 정상에서 자라는 어떤 나무이다."라고 말한다. 나무와 산의 연결은 우연이 아니며, 그것은 둘 사이

93 조로아스터 교의 우주 창조론을 담고 있다.
94 조로아스터 교에서 물과 생명을 관장하는 여신.
95 헬레니즘 이후로 그리스어와 라틴어 작품을 쓴 일부 작가들이 사용한 필명이다.

의 폭넓은 동일시 때문이다. 나무와 산은 똑같이 샤먼에 의해 천상의 여행을 이루는 목적에 이용된다. 다른 곳에서 이미 밝힌 바와 같이, 산과 나무는 인격과 자기의 상징이다. 예를 들면, 예수 그리스도는 나무뿐만 아니라 산에 의해서도 상징되고 있다. 종종 나무는 어떤 정원에 서 있다. 이것은 명백히 '창세기'를 상기시킨다. 따라서 7개 행성들의 나무들은 축복받은 섬들의 "비밀의 정원"에서 자라고 있다. 니콜라 플라멜(Nocolas Flamel: 1330?-1418)의 경우에, "가장 높이 칭송 받는 나무"는 철학자들의 정원에서 자라는 것으로 보고 있다.

우리가 본 바와 같이, 그 나무는 물과 소금과 바닷물과, 따라서 숙련자들의 진정한 불가사의인 영원수와 특별히 연결된다. 이 영원수가 메르쿠리우스이며, 메르쿠리우스를 수은과 혼동하면 안 된다. 메르쿠리우스는 금속들의 나무이다. 메르쿠리우스는 원물질 또는 원물질의 원천이다. 헤르메스 신(메르쿠리우스와 동일하다)은 "그 물로 자신의 나무에 물을 주었으며, 자신의 잔으로 꽃들이 높이 자라도록 했다".

내가 이 단락을 소개하는 이유는 그것이 숙련자와 불가사의한 것이 동일하다는 미묘한 연금술 사상을 표현하고 있기 때문이다. 나무가 자라도록 할 뿐만 아니라 나무를 소멸시키기도 하는 물은 자신 안에서 상반된 것들을 결합시킨다는 이유로 "이중적"인 것으로 여겨지는 메르쿠리우스이다. 말하자면, 메르쿠리우스는 금속이기도 하고 액체이기도 한 것이다. 그래서 메르쿠리우스는 물과 불로 불린다. 메르쿠리우스는 또한 나무의 수액으로서 불같다. 말하자면, 그 나무는 물의 본성과 불의 본성을 동시에 갖고 있다. 그노시스주의에서 우리는 "하늘보다 위에 있는 불"로 이뤄진, 시몬 마구스의 "위대한 나무"를 만난다. "그것으로 모든 육신이 영양을 공급 받는다." 그것은 네부카드네자르(Nebuchadnezzar)[96]의 꿈에 나타난 나무와 비슷하다. 그 나무의 가지와 잎들은 다 소멸되었지만, "열매는 모양을 갖추고 다 형성되었을 때 불 속으로 던져지지 않고 헛간으로 옮겨졌다". "하늘보다 위에 있는 불"이라는 이미지는 한편으로 그보다 훨씬 전에 있었던 헤라클레이토스(Heraclitus)의 "영원히 살아 있는 불"과 일치하고, 다른 한편으로 그보다 훨씬 뒷날에 메르쿠리우스를 불로, 그리고 생명을 주는 것이든 파괴하는 것이든 불

---

96 신바빌로니아의 전성기를 이끌었던 신바빌로니아 제국의 2대 왕을 가리킨다.

문하고 전체 자연에 퍼져 있는 '살아 있는 정령'으로 해석한 것과 일치한다. "불 속으로 던져지지 않은" 열매는 당연히 그 테스트를 버텨 낸 인간, 그러니까 그노시스파가 말하는 "영적" 인간이다. 마찬가지로 내면의 통합된 인간을 의미하는 라피스의 동의어 중 하나가 '우리의 낟알'이다.

그 나무는 종종 금속으로, 보통 금으로 그려진다. 그 나무가 7개의 금속과 연결된다는 점은 7개의 행성과 연결된다는 점을 암시한다. 그래서 그 나무는 세계수가 되고, 빛나는 열매들은 별이 된다. 미하엘 마이어는 나무 부분을 메르쿠리우스의 속성으로, (네 종류의) 꽃들을 토성과 목성과 금성과 화성의 속성으로, 열매를 태양과 달의 속성으로 돌리고 있다. 7개의 가지(7개의 행성과 동일하다)를 가진 나무는 『아우로라 콘수르겐스』 2부에서 언급되고 있으며, 루나티카 (Lunatica) 또는 베리사(Berissa)[97]와 동일하다. "그 나무의 뿌리는 금속을 함유하고 있는 땅이며, 줄기는 약간의 검정이 가미된 붉은색이다. 그 잎은 마조람(Marjoram)[98]의 잎과 비슷하며, 달이 차고 기우는 기간에 따라 잎의 수는 30개이며,

---

97 식물 이름들이다.
98 꿀풀과의 여러해살이 풀로 6월에서 8월에 담황색 또는 흰색 꽃을 피운다.

꽃은 노랗다." 이 묘사를 근거로 할 때, 그 나무는 전체 연금술 과정을 상징하는 것이 분명하다. 따라서 도른은 이렇게 말한다. "그러므로 [행성들 또는 금속들의] 나무를 심고 그 뿌리는 토성의 덕으로 돌리고, 줄기와 가지에서 생기고 있는 변덕스러운 수성과 금성이 화성에게 잎들과 열매를 맺을 꽃들을 제공하게 하라." 도른이 "자연은 자신의 자궁 한가운데에 [금속] 나무의 뿌리를 심었다"고 말할 때, 세계수와의 관계도 또한 분명히 드러난다.

11

거꾸로 선 나무

그 나무는 자주 "거꾸로 선 나무"라 불린다. 라우렌치우스 벤투라(16세기)는 "그 나무의 광석들의 뿌리들은 공중에 있고, 꼭대기들은 땅에 있다. 그리고 그 뿌리들이 원래 자리에서 찢겨 나올 때, 끔찍한 절규가 들리고 엄청난 두려움이 따른다."고 말한다. 벤투라는 분명히 검은 개의 꼬리에 묶여 땅에서 뽑힐 때 비명을 지르는 맨드레이크에 대해 생각하고 있다. '글로리아 문디'도 마찬가지로 철학자들이 "광물들로 된 그 나무의 뿌리는 공중에 있고 머리는 땅 속에 있다."고 말했다고 언급하고 있다. 조지 리플리 경은 그 나무가 뿌리를 공중에 두고 있다고 말하고, 또 다른 곳에서는 나무가 "영광이 내려진 땅에, 낙원의 땅 또는 미래의 세계에 뿌리를 내리고 있다."고 말한다.

마찬가지로, 비제네르는 "요세푸스 카르니톨루스 (Josephus Carnitolus)의 아들인 어느 랍비"가 이렇게 말했다고 언급하고 있다. "낮은 쪽의 모든 구조의 토대는 뒤집어져 위에 있고, 그 구조의 꼭대기는 거꾸로 선 나무처럼 여기 아래에 있다." 비제네르는 카발라에 대해 어느 정도 알고 있었으며, 그는 여기서 철학의 나무와 신비의 세계수나 다름없는 세피로트(Sefiroth)[99]의 나무를 서로 비교하고 있다. 그러나 비제네르에게 이 나무는 또한 인간을 의미한다. 그는 "머리는 카르멜 산 같고 머리카락은 왕의 자줏빛으로 관에 묶여 있구나."라는 내용의 '아가' 7장 5절을 인용하면서, 인간은 자신의 머리카락의 뿌리에 의해 낙원에 심어진다는 독특한 사상을 구체화하고 있다. 여기서 말하는 관은 작은 튜브로, 아마 일종의 머리 장식일 것이다. 크노르 폰 로즌로트(Knorr

---

99 유대교의 신비주의 전통에서 우주와 신을 연결하는 매개체이다. 세피라의 복수형이다.

von Rosenroth)는 "위대한 나무"가 말쿠트[100]의 신랑인 티페레트[101]를 가리킨다는 의견이다. 위쪽의 비나 세피라는 "나무의 뿌리"라 불리며, 생명의 나무는 그 뿌리를 비나에 박고 있다. 생명의 나무가 정원의 한가운데에 서 있기 때문에, 그것은 중앙선이라 불렸다. 말하자면 세피로트 체계의 줄기에 해당하는 이 중앙선을 통해서, 이 체계가 비나로부터 생명을 땅으로 데려온다.

인간은 거꾸로 선 나무와 비슷하다는 사상은 중세에 널리 유행했던 것 같다. 인문주의자인 안드레아 알치아티(Andrea Alciati)[102]는 『엠블레마타 쿰 콤멘타리이스』(Emblemata cum commentariis)에서 "인간을 거꾸로 선 나무로 보는 것이 자연 과학자들의 관심을 불러일으켰다. 이유는 거꾸로 선 나무에서 뿌리와 줄기와 잎인 것이 인간에게서 머리와 몸통, 팔다리가 되기 때문이다."라고 말한다. 인도 개념들과의 연결은 플라톤이 제시한다. 크리슈나는 『바가바드 기타』에서

100　카발라의 생명의 나무에서 세피로트 중 열 번째이다.

101　카발라의 생명의 나무에서 세피로트 중 여섯 번째이다. '영성'과 '균형' '통합' '아름다움' '기적' '동정'과 연결된다.

102　이탈리아 법학자이자 작가(1492-1550)였으며, 프랑스 신학자 장 칼뱅(Jean Calvin)에게 법학을 가르쳤다.

"나는 산들 중에 히말라야이며, 나무들 중에 아슈바타[103]이다."라고 말한다. 아슈바타가 위에서 아래로 불멸의 물인 소마를 붓는다. 『바가바드 기타』는 이렇게 이어진다.

무화과나무가 한 그루 있네.

옛날 이야기에,

영원하고

거대한 아슈바타가

천국에 뿌리를 내리고 있어.

가지들은 땅 쪽으로 뻗고

가지들의 잎마다

베다의 노래이니라.

아슈바타를 아는 자는

모든 베다를 아느니라.

아래로 위로

가지들은 굽어 있으며

103   힌두교 경전에 나오는 신성한 나무.

특성들에 의해 길러지고 있네.

나무는 싹들을 틔우고

그것들은 감각들이니라.

뿌리들은 아래로 뻗어

이 세상에 닿고,

그것들은

인간의 행동의 뿌리들이니라.

연금술 작업을 하나의 나무로, 그 단계들을 나뭇잎으로 보여주고 있는 연금술의 그림들은 베다, 즉 지식을 통한 해방이라는 인도의 개념을 떠올리게 한다. 인도의 문헌에서, 그 나무는 위에서 아래로 자라는 반면에, 연금술에서 (적어도 그림들에 따르면) 그 나무는 아래에서 위로 자란다. 1546년에 나온 『프레치오사 마르가리타 노벨라』(Pretiosa margarita novella)의 삽화들을 보면, 나무는 아스파라거스를 아주 많이 닮았다. 앞에 제시한 그림들 중에서 〈그림 27〉이 똑같은 모티브를 담고 있으며, 정말로 위로 뻗은 아스파라거스의 줄기들은 이전에 무의식이었던 내용물이 의식 속으로 밀고 들어가는 모습을 아주 그럴싸하게 표현하고 있다. 동양이나 서양이나 똑같이, 나무는 계몽의 과정뿐만 아니라 삶의 어떤 과정을 상징하는데, 계몽의 과정은 지성에 의해 파악될 수 있다 하더라도 지성과 혼동되어서는 안 된다.

보물의 수호자 역할을 하는 나무는 연금술 동화 '병 속의 정령'에 등장한다. 그 나무는 장래에 나타날 보물까지 열매 속에 포함하고 있기 때문에 금을 만드는 작업의 한 상징이며, "헤르쿨레스"[104]에 의해 확립된 원칙과 일치한다. "이 자연의 변성력은 처음에 하나의 뿌리에서 시작되며, 이 뿌리는 후에 몇 개의 물질로 확장한 다음에 하나의 물질로 돌아간다." 리플리는 상반된 것들을 결합시키려 시도하는 연금술사들을 포도나무를 가꾸는 노아와 비교하고 있으며, 자비르 이븐 하얀에게 그 나무는 "신비로운 도금양"이고, 헤르메스에게 그것은 "현자의 포도나무"이다. 호그헬란데(Theobald van Hoghelande)[105]는 "그러나 열매들은 이른 봄에 가장 완벽한 나무에서 생기고 꽃은 종말이 시작할 시점에 핀다."고 말한다. 이를 근거로 할 때, 그 나무의 삶은 우리가 알고 있는 바와 같이 계절과 일치하는 연금술 작업을 나타내는 것이

104 그리스 신 헤라클레스에 해당하는 고대 로마의 신.
105 르네상스 시대의 연금술사(1560?–1608).

분명하다. 열매들이 봄에 나타나고 꽃이 가을에 나타난다는 사실은 반전의 모티브와 '자연을 거스르는 연금술 작업'과 연결될 수 있다. '알레고리에 사피엔툼 수프라 리브룸 투르베'(Allegoriae sapientum supra librum Turbae)는 다음과 같은 비법을 제시하고 있다. "다시, 이 나무를 돌 위에 심어라. 그러면 나무는 바람에 시달리는 것을 두려워하지 않는다. 천국의 새들이 와서 나무의 가지들에서 번식할 것이고, 거기서 지혜가 나올 것이다." 여기서도 나무는 연금술 작업의 진정한 토대이고 비밀이다. 이 비밀은 대단히 높이 평가받는 보물이다. 금속들의 나무가 7개의 가지를 가진 것과 똑같이, '데 아르보레 콘템플라치오니스'(De arbore contemplationis)라는 제목의 논문이 보여주듯이, 명상의 나무도 7개의 가지를 갖고 있다. 거기서 나무는 7개의 가지를 갖고 있는 종려나무이며, 가지마다 새가 한 마리씩 앉아 있고 꽃이 하나씩 피어 있다. 새는 "공작, [해독 불가능한 단어], 백조, 독수리, 필로메나, 제비, 불사조"이며, 꽃은 "제비꽃, 붓꽃, 백합, 장미, 크로커스, 해바라기, [...?]"이다. 이 꽃들은 저마다 도덕적 의미를 지니고 있다. 이런 생각들은 연금술사들의 생각과 아주 비슷하다. 연금술사들은 증류기 속에 있는 자신의 나무를 놓고 깊이 생각했으며, 『키미컬 웨딩』(Chymical Wedding)에 따르면, 그 나무는 어떤 천사의 손에 쥐어져 있었다.

12

새와 뱀

이미 말한 바와 같이, 새들은 그 나무와 특별한 관계를 맺고 있다. '스크립툼 알베르치'(Scriptum Alberti)는 알렉산더가 위대한 원정길에 "영광스런 푸르름"을 간직하고 있던 어떤 나무를 발견했다고 전한다. 그 나무 위에 황새가 한 마리 앉아 있었고, 거기에 알렉산더는 "자신의 여행에 종지부를 찍을" 황금 궁전을 세웠다. 새가 앉은 나무는 연금술 작업과 그 정점을 상징한다. 그 모티브는 그림 형태로도 나타난다. 나무의 잎들이 안쪽으로 자랐다는 사실은 '자연을 거스르는 연금술 작업'의 한 예임과 동시에 명상적인 상태에서 일어나는 내향의 구체적인 한 표현이다.

성경의 이야기와 분명히 연결되는 뱀도 마찬가지로 나무와 관계있다. 무엇보다, 뱀은 대체로 나무와 연결된다. 왜냐하면 정확히 말하면 뱀이 지하의 살아 있는 정령으로서 뿌리에서부터 가지로 올라오는 연금술의 뱀이고, 보다 구체적으로 뱀이 나무의 수호신을 상징하고 멜루시나로 나타나기 때문이다. 연금술의 뱀은 나무 안에서 스스로를 변화시키는 신비의 물질이며, 따라서 그것은 나무의 생명을 나타낸다. 이같은 생각은 '스크립툼 알베르치'에 의해 뒷받침되고 있다. 이 텍스트는 아마 애석하게 1602년 판에 실리지 못한 어떤 그림에 대한 논평일 것이다.

텍스트는 이런 진술로 시작한다. "이것은 천상의 구(球)라고 이름 지어진 천국의 그림이며, 가장 고귀한 형상 8개를 포함하고 있다. 첫 번째 형상은 제1의 원이라고 불리며 신성의 원이다." 이를 근거로 할 때, 그것은 동심원들의 그림이다. 첫 번째 원, 그러니까 가장 바깥쪽의 원은 신이 정한 세계 질서를 포함하고 있고, 두 번째 원은 7개의 행성들을, 세 번째 원은 "부패하기 쉽고 창조적인" 원소들을, 네 번째 원은 7개의 행성들에서 나오면서 사납게 날뛰는 용을, 다섯 번

째 원은 그 용의 "머리와 죽음"을 포함하고 있다. 용의 머리
는 "영원 속에서 살고", "영광스런 생명"이라 불리며, "천사
들이 용의 시중을 들고 있다".

　여기서 용의 머리는 분명히 그리스도와 동일하다. 왜냐하
면 "천사들이 그것의 시중을 들고 있다"는 표현이 '마태복
음' 4장 11절과 연결되기 때문이다. 거길 보면 그리스도가
이제 막 사탄을 거부했다. 그러나 만약에 용의 머리가 그리
스도와 동일하다면, 용의 꼬리는 적(敵)그리스도 또는 악마
와 동일해야 한다. 우리의 텍스트에 따르면, 용의 몸통 전체
가 머리에 먹히며, 그래서 악마가 그리스도와 하나가 된다.
용이 신의 형상과 맞서 싸웠지만, 신의 힘에 의해 신의 형상
이 용의 안에 심어졌고 그것이 용의 머리를 형성했기 때문
이다. "전체 몸통이 머리에 복종하고, 머리는 몸통을 미워하
여 이빨로 꼬리부터 갉아먹기 시작해 몸통을 죽인다. 최종적
으로 몸통 전체가 머리로 들어가서 그 안에 영원히 남는다."
여섯 번째 원은 여섯 개의 형상과 두 마리의 새, 즉 황새들을
포함하고 있다. 그 형상들은 아마 인간일 것이다. 그 텍스트
가 그들 중 하나는 에티오피아인처럼 보였다고 하고 있으니
말이다. 황새는 펠리칸처럼 순환적인 증류를 위한 용기이다.

여섯 형상의 각각은 변질의 세 단계를 나타내며, 두 마리의 새와 함께 변질 과정의 한 상징으로 오그도아드를 형성한다.

텍스트에 따르면, 일곱 번째 원은 신이 정한 세계 질서와 7개의 행성들이 황금 나무를 포함하고 있는 여덟 번째 원과 맺고 있는 관계를 보여준다. 저자는 자신이 일곱 번째 원의 내용에 대해서는 차라리 침묵을 지킬 것이라고 말하고 있다. 이유는 그곳이 위대한 비밀이 시작되는 곳이고, 비밀은 신에 의해서만 드러날 수 있기 때문이다. "현명한 부인들은 그것을 숨기고, 어리석은 처녀들은 강탈당하기를 원하기 때문에 그것을 대중에게 보여준다." "교황들과 일부 성직자들, 수도사들은 그것을 욕한다. 왜냐하면 신의 법이 그들에게 그렇게 하도록 명령을 내렸기 때문이다."

여덟 번째 원에 있는 황금 나무는 "번개처럼" 빛을 발한다. 야코프 뵈메(Jakob Bohme)의 예에서 보듯, 연금술에서 번개는 갑작스런 황홀과 계몽을 의미한다. 그 나무에 황새가 한 마리 앉아 있다. 여섯 번째 원의 황새 두 마리는 각각 세 번째 단계의 두 가지 변질을 위한 증류 도구를 나타내는 반면에, 황금 나무에 앉아 있는 황새는 그보다 더 넓은 의미를 지닌다. 고대 이래로, 황새는 "헌신적인 새"로 여겨져 왔으며, '레위기' 11장 19절에 부정한 짐승에 속하는 것으로 나열되어 있음에도 불구하고, 황새는 하가다[106] 전통에는 그런 새로 나온다. 황새의 신앙심은 '예레미야서' 8장 7절까지 거슬러 올라갈 수 있다. "하늘의 황새도 자신에게 주어진 시기를 아는데, … 나의 백성은 주님의 판단을 모르는구나." 로마 제국에서 황새는 신앙심을 상징했으며, 기독교 전통에서 황새는 재판관 그리스도의 상징이다. 황새가 뱀들을 파괴하기 때문이다. 뱀이나 용이 나무의 지하의 수호자인 것처럼, 황새는 나무의 영적 원리이며, 따라서 황새는 안트로포스(최초의 인간)의 상징이다. 연금술의 황새의 선구자들에, 튜턴족 신화에 나오는 아데바르 황새도 포함시켜야 한다. 이 황새는 홀다[107]의 샘에서 부활한 죽은 자들의 영혼을 땅으로 다시 데려오는 것으로 여겨진다. '스크립툼 알베르치'를 알베르투스 마그누스(Albertus Magnus)의 작품으로 돌리는 것은 매우 의문스럽다. 그 저작물의 스타일을 바탕으로 판단한다면, 그것이 철학의 나무에 대해 논하고 있으니 16세기 이전에 쓰였을 것이라고 보기가 극히 어렵다.

106   유대교의 전설이나 격언 등을 담은 문학 형태를 말한다.
107   튜턴족의 신화에서 생사를 관장하는 여신.

13

여성적인 나무 수호신

변형과 부활이 일어나는 장소로서, 나무는 여성적이고 모성적인 의미를 갖는다. 『리플리 스크롤』로부터, 우리는 나무의 수호신이 멜루시나라는 것을 보았다. 『판도라』에서 나무의 줄기는 왕관을 쓴 벌거벗은 여자이다. 양손에 횃불이 하나씩 들려 있고, 머리의 가지들 사이에 독수리가 한 마리 앉아 있다. 헬레니즘 시대의 기념물에 등장하는 이시스는 멜루시나의 형태를 취하고 있으며, 그녀의 상징물 중 하나가 횃불이다. 다른 상징물들은 포도나무와 종려나무이다.

레토[108]와 마리아는 둘 다 종려나무 아래에서 아이를 낳았으며, 마야는 신성한 나무 그늘 아래에서 붓다를 낳았다. "히브리인들이 말하기를", 아담은 "생명의 나무의 흙", "붉은 다마스쿠스의 흙"으로 만들어졌다고 한다. 이 전설에 따르면, 아담과 생명수의 관계는 붓다와 보리수의 관계와 동일하다.

나무의 여성적이고 모성적인 본질은 또한 나무와 지혜의 관계에도 나타난다. '창세기' 속의 지식의 나무는 '에녹서' 속의 지혜의 나무인데, 이 지혜의 나무는 포도나무를 닮았다. 바르벨리오트(Barbeliot)[109]의 가르침에서 아우토게네스(Autogenes)[110]가 마침내 "완전하고 진정한 인간을 창조했으며, 그들은 그를 아다마스(Adamas)라고 불렀다"고 이레네우스(Irenaeus)[111]는 보고한다. 아다마스와 더불어 완전한 지식이 창조되었다. "[완벽한] 인간과 지식으로부터 그 나무가 태어나고, 그들은 그 나무를 그노시스라고 부른다." 여기서

108　그리스 신화에서 아폴론과 아르테미스의 어머니이다.

109　그노시스주의 텍스트에 최고 존재의 최초의 방사(放射)로 나타나는 여성적인 실체를 일컫는 이름이다. '바르벨로'(Barbelo)로도 쓰인다.

110　바르벨리오트의 아들이며, 그 뜻은 '스스로 생겨난' 존재이다.

111　그리스의 주교를 지낸 인물(A.D. 130?~202?)로 지금의 프랑스 남부에 기독교 공동체를 확장하면서 기독고 신학의 발달에 많이 기여했다

우리는 아담과 붓다의 경우와 마찬가지로 인간과 나무의 연결을 다시 발견하고 있다. 『악타 아르켈라이』(Acta Archelai)에서도 이와 비슷한 연결이 확인된다. "낙원에 있는 그 나무에 의해서 선한 것이 알려지는데, 그 나무는 예수 그리스도이며 세상 속에 있는 그의 지식이다." '알레고리에 사피엔툼'은 "그것[즉, 나무]으로부터 지혜가 나온다."라고 말한다.

나무에 관한 이와 비슷한 사상들은 연금술에서 발견된다. 우리는 카발라에서도 발견되는 관점인, 사람을 거꾸로 선 나무로 보는 인식을 이미 접했다. 『피르케이 드 랍비 엘리에제르』(Pirkei de Rabbi Eliezer)는 이렇게 말하고 있다. "제히라(R. Zehira)가 '나무의 열매에 대해' 말했는데, 여기서 '나무'는 단지 나무에 비유할 수 있는 인간을 의미한다. '사람이 들판의 나무이니라'('신명기' 20장 19절)는 말도 있으니 말이다." 유스티누스(Justinus)[112]의 그노시스에서 에덴동산의 나무들은 천사들인 한편, 선과 악의 지식의 나무는 어머니 같은 천사들 중 세 번째인 나스(Naas)이다. 나무의 영혼을 이런 식으로 남성적인 형상과 여성적인 형상으로 나누는 것은

112   A.D 2세기부터 기록에 등장하는 초기 기독교 그노시스주의자.

연금술에서 메르쿠리우스를 나무의 생명 원리로 여기는 것과 일치한다. 자웅동체로서, 메르쿠리우스가 이중적이기 때문이다. 나무줄기가 여자의 몸으로 그려진,『판도라』속의 그림은 메르쿠리우스를 지혜의 여성적인 역할을 하는 것으로 묘사하고 있다. 남성적인 측면으로 그려질 때 메르쿠리우스는 '늙은 메르쿠리우스'[113]나 헤르메스 트리스메기스투스의 형상에 의해 상징된다.

113   토성과 동일하다.

14

라피스로서의 나무

나무와 사람이 연금술에서 핵심적인 상징인 것처럼, 원물질과 최종 물질로서 이중적인 의미를 지니는 라피스도 마찬가지로 연금술의 핵심적인 상징이다. 앞에 제시한, '알레고리에 사피엔툼'에서 인용한 글, 즉 "이 나무를 돌 위에 심어라. 그러면 나무는 바람의 흔들림을 무서워하지 않을 것이다."라는 대목은 모래 위에 지은 탓에 홍수가 나거나 바람이 불 때 무너진 집의 우화('마태복음' 7장 26-27절)를 떠올리게 한다. 그러므로 돌은 단순히 제대로 된 원물질만이 보장할 수 있는 그런 확실한 토대를 의미할 수 있다. 그러나 그

앞의 문장, 그러니까 "그대의 힘을 다해서 지혜를 받도록 하라. 지혜로부터 그대가 영원한 생명을 마시게 될 테니까. 그대의 [돌이] 굳어지고, 그대의 나태가 떠날 때까지 지혜를 받아야 하느니라. 거기서 생명이 올 테니까."라는 부분이 분명히 밝히고 있듯이, 그 문맥은 돌의 상징적 의미에 대해 말하고 있다.

밀리우스는 "원물질은 기름기 있는 물이면서 철학의 돌이며, 그것으로부터 가지들이 영원히 증식한다."고 말한다. 여기서 돌은 그 자체로 나무이며, "불 같은 물질" 또는 "기름기 있는 물"로 이해되고 있다. 물과 기름이 서로 섞이지 않기 때문에, 이것은 메르쿠리우스의 이중적인, 또는 모순적인 본질을 나타내고 있다.

마찬가지로, '콘실리움 코니우지'(Consilium coniugii)는 세니오르(Senior)에 대해 논평하면서 이렇게 말하고 있다. "따라서 그 돌은 그 자체로 또 저절로 완벽하다. 이유는 그것이 나무인데, 이 나무의 가지와 잎과 꽃과 열매가 그것 자체로부터, 그것을 통해서, 그것을 위해서 오고, 또 그것이 그 자체로 완전하거나 완전한 것 이외에 다른 것은 아니기 때문이다." 그러므로 나무는 돌과 동일하며, 돌처럼 완전성의 한 상징이다. 쿤라트는 이렇게 말하고 있다.

현자의 돌은 그 자체의 힘으로, 그것으로부터, 그것 안에서, 그것을 통해서 만들어지고 완벽해진다. 그것이 오직 하나이기 때문이다. 한 그루 나무처럼 말이다(세니오르가 말한다). 뿌리와 줄기, 가지, 잎, 꽃, 열매가 바로 그 나무에서 나오고, 나무를 통하고, 나무의 것이고, 나무 위에 있고, 이 모든 것이 하나의 씨앗에서 나오는 그런 나무 말이다. 현자의 돌은 그 자체로 모든 것이고, 그 외의 다른 것은 현자의 돌을 만들지 못한다.

아랍어로 된 '오스타네스의 서'(Book of Ostanes)를 보면, 불가사의한 물질에 대한 묘사가 나온다. 그 물질은 다양한 형태로 변하는 물이다. 처음에는 흰색이고, 이어서 검정색, 빨간색으로 변했다가, 마지막에 가연성의 액체 또는 페르시아의 어떤 돌을 쳐서 일으키는 불이 된다. 그 텍스트는 이렇게 이어진다.

그것은 산들의 꼭대기에서 자라는 어떤 나무이고, 이집트에서 태어난 젊은 남자이며, 철학자의 돌을 추구하는 자들에게 고통을 안기길 원하는 안달루시아 출신의 왕자이다. 이 왕자는 추구자들의 지도자들을 살해했다. … 현자들은 그에게 맞서기에 너무 무력하다. 나는 그에게 맞설 무기로 체념 외에 아무것도 갖고 있지 않으며, 지식 외에는 어떤 공격 무기도, 이해력 외에는 어떤 방어 수단도 갖고 있지 않다. 만약에 추구자가 자신이 이 3가지 무기를 가진 상태에서 그 사람 앞에 서 있다는 사실을 발견하고 그를 살해한다면, 그[왕자]는 죽은 뒤에 다시 생명을 얻고, 그에게 반대하던 모든 권력을 잃고, 추구자에게 최고의 권력을 부여하게 될 것이다. 그러면 추구자는 바라던 목표에 도달할 것이다.

이 단락이 포함된 장(章)은 이렇게 시작한다. "현자가 말하기를, 학생에게 무엇보다 먼저 요구되는 것은 그 돌을, 그러니까 고대인들의 영감의 대상이었던 돌을 아는 것이라고 했다." 물과 나무, 젊은 이집트인, 안달루시아 왕자는 모두 그 돌을 가리킨다. 여기서 물과 나무와 사람은 돌의 동의어로 나타난다. 왕자는 약간의 설명이 필요한 중요한 상징이다. 그것이 서사시 '길가메시'에서 발견되는 어떤 원형적인 모티브를 반영하는 것처럼 보이기 때문이다. 그 서사시에서, 지하 인간이며 길가메시의 그림자인 엔키두는 모욕당한 이슈타르의 요청에 따라, 길가메시를 죽이기 위해 신들에 의해서 창조되고 있다. 이와 똑같이, 왕자는 "추구자들의 고통을 원한다". 그는 추구자들의 적이며, "그들의 지도자들", 즉 연금술의 스승들과 권위자들을 살해했다.

적대적인 돌이라는 이 모티브는 '알레고리에 사피엔툼'에 다음과 같이 설명되고 있다. "그대의 돌이 적이 아니라면, 그대는 그대가 원하는 것을 이루지 못하리라." 이 적은 연금술에서 독을 지녔거나 불을 뿜는 용과 사자로 위장해서 나타난다. 사자의 발톱은 잘려야 하며, 용은 죽음을 당해야 하며, 그렇게 하지 않으면 용은 "자연은 자연 안에서 기뻐하고, 자연이 자연을 지배하고, 자연이 자연을 점령한다."는 데모크리토스의 원칙에 따라 스스로를 죽이거나 삼키게 된다.

연금술 권위자들을 살해한다는 이야기는 『판도라』에 실린 흥미로운 그림, 그러니까 그리스도의 옆구리를 창으로 찌르고 있는 멜루시나의 그림을 떠올리게 한다. 멜루시나는 그노시스파의 에뎀(Edem)에 해당하며, 메르쿠리우스의 여성적인 측면, 말하자면 뱀의 모습으로 우리의 최초의 부모를 유혹했던 그 여성적인 누스(나세네스(Naassenes)[114]의 나스)를 나타낸다. 이것과 비슷한 것이 앞에서 소개한, '트락타투스 아드 알렉산드룸 마늄'에서 인용한 부분일 것이다. "열매들을 모아라. 이 나무의 열매가 우리를 어둠 속으로 이끌고 어둠을 통과하도록 할 테니까." 이 조언이 분명히 성경과 교회의 권위와 모순되기 때문에, 그것은 교회의 전통에 의식적으로 반대한 누군가가 한 말일 것이다.

오스타네스가 페르시아 사람이고 알렉산더 대왕과 동시대 사람으로 여겨지기 때문에, 서사시 '길가메시'와의 연결이 흥미롭다. 엔키두와 안달루시아 왕자와 돌 사이의 원초적 적대감과 비슷한 또 다른 예로, 우리는 키드르(Khidr) 전설을 들 수 있다. 알라 신의 메신저인 키드르는 처음에 비행(非行)으로 모세를 놀라게 만든다. 공상적인 경험 또는 교훈적인 이야기로 본다면, 그 전설은 한편으로 모세와 그의 그림자인 종 여호수아 벤 눈(Joshua ben Nun)의 관계를, 다른 한편으로 모세와 그의 자기인 키드르의 관계를 설명한다. 라피스와 그것의 동의어들은 마찬가지로 자기의 상징들이다. 심

114　A.D. 2세기와 3세기에 활동한 신학자 히폴리투스(Hippolytus)의 글을 통해서만 알려지게 된 기독교 그노시스주의 종파.

리학적으로 말하면, 이것은 자기와의 첫 만남에서 온갖 부정적인 특징들이 나타날 수 있다는 것을 의미한다. 그것은 무의식과 뜻밖에 조우하는 경우에 거의 예외 없이 나타나는 현상이다. 위험은 바로 무의식이 범람을 일으킬 수 있다는 점이다. 의식적인 정신이 지적으로나 도덕적으로 무의식적 내용물의 침공을 동화시키지 못하면, 상황이 좋지 않은 경우에, 이 범람이 정신 이상으로 나타날 수 있다.

15

연금술의 위험

『아우로라 콘수르겐스』1부는 연금술사를 위협하는 위험들과 관련해 이렇게 말하고 있다. "현자의 말씀을 이해하지 못하는 사람이 참으로 많다. 그런 사람들은 자신의 어리석음 때문에 사라졌다. 영적 이해가 부족했기 때문이다." 호그헬란데는 "전체 기술을 어렵고 위험한 것으로 보는 것이 타당하며, 선견지명이 있는 사람이라면 누구나 더없이 유해한 것으로 여겨 그것을 피할 것이다."라는 의견을 보인다. 에지디우스 데 바디스(Aegidius de Vadis)가 다음과 같은 말을 할 때 앞의 의견과 똑같은 생각을 전하고 있다. "나는 손을 댔던 사람들 대부분을 혼란에 빠뜨린 이 과학에 대해 침묵을 지킬 생각이다. 자신이 추구하는 것을 발견한 사람은 거의 없고, 파멸한 사람들은 부지기수이기 때문이다." 호그헬란데는 할리 압바스(Haly Abbas)[115]의 말을 인용하고 있다. "우리의 돌은 그것의 본질과 그것이 만들어지는 방법을 아는 사람에게는 생명이고, 그 돌에 대해 모르거나 그 돌을 만들지 않았거나, 그것이 언제 태어날 것인지에 대한 어떤 확신도 얻지 못했거나 그것을 또 하나의 돌로 생각하는 사람은 이미 죽음을 위한 준비를 끝내놓은 것이나 다름없다." 호그헬란데는 그 위험이 중독되거나 폭발하는 것이 아니라 정신적 탈선이라는 점을 분명히 밝히고 있다. "연금술사는 악마의 기만을 잘 알아차리고 속지 않도록 조심해야 한다. 악마는 종종 화학 작용 속으로 교묘하게 들어가서 자연의 작용을 무시하고 연금술사가 헛되고 쓸모없는 것을 이용하도록 속일 것이다." 그는 알피디우스의 말을 인용함으로써 이 위험이 진짜라는 점을 다시 강조하고 있다. "이 돌은 숭고하고 더없이 영광스러우면서도 대단히 무서운 곳에서 나오며, 그곳은 많은 현자

---

115   페르시아의 의사와 심리학자(A.D. 930?-994?)로 알려진 알리 이븐 알-압바스 알-마주시의 라틴어 이름이다.

들을 죽음으로 내몰았다." 그는 또 미크레리스(Micreris)가 "만약 당신이 이 변질을 갑자기 보게 된다면, 경이와 두려움과 전율이 당신을 엄습할 것이니 작업을 조심스럽게 벌이도록 하라."고 한 말을 인용한 뒤에 모이세스(Moyses)의 말까지 덧붙이고 있다. "이 결실은 하늘에서 구름이 생길 때처럼 갑자기 나타난다."

악마의 힘들이 작용할 위험은 마찬가지로 '리베르 플라토니스 콰르토룸'(Liber Platonis Quartorum)에도 언급되고 있다. "연금술 과정에 어느 시점에 이르면, 어떤 정령들이 그 작업에 반대하고 나설 것이고, 다른 시간에는 그런 반대가 없을 것이다." 이 점을 가장 명확하게 표현한 사람은 바로 올림피오도루스(6세기)이다. "그 길 내내, 악령 오피우코스가 우리의 의도를 방해하면서 우리가 주의를 게을리하도록 유도한다. 어느 곳에서든 악령은 안과 밖에서 기어 다니면서 실수와 두려움, 준비 태만을 야기한다. 그렇게 하지 않는 경우에 악령은 우리에게 부상을 입히거나 우리를 괴롭혀서 작업을 포기하도록 만든다." 그는 또한 납이 사람들을 미치게 만드는 어떤 악령에 사로잡혀 있다고 말한다.

연금술사가 예상했거나 경험한 그 돌의 기적은 대단히 초자연적이었던 것이 확실하며, 이것은 연금술사가 그 신비를 모독하는 것을 아주 무서워하는 현상을 설명할 것이다. 호그헬란드는 "어느 누구도 자신의 영혼을 파멸시키지 않고는 돌의 이름을 폭로하지 못한다. 이유는 그 사람이 신 앞에서 자신을 정당화하지 못하기 때문이다."라고 말한다. 이런 확신은 진지하게 받아들여져야 한다. 그의 논문은 정직하고 합리적인 한 남자의 작품이며, 다른 논문들, 특히 라이몬드 룰리(Raymund Lully)의 논문의 허세부리는 모호성과는 아주 다르다. 그 돌이 "천 개의 이름"을 갖고 있기 때문에, 호그헬란드가 공개하기를 원하지 않는 것이 그 중 어느 것인지 궁금하다. 그 돌은 정말로 연금술사들에게 아주 곤혹스런 것이었다. 그 돌이 만들어진 적이 한 번도 없었고, 따라서 그것이 어떤 것인지를 아무도 몰랐으니 말이다. 내가 볼 때, 가장 그럴듯한 가설은 그것이 하나의 정신적 경험이라는 것이다. 이 가설은 연금술사들이 정신적 장애에 대한 두려움을 거듭 언급했다는 사실에 대한 설명이 될 수 있다.

우리에게 알려진 중국 연금술사들 중에서 가장 오래된 인물(A.D. 2세기)인 위백양(魏伯陽)은 연금술 작업을 벌이다가 실수를 저지르는 경우에 맞게 될 위험한 결과에 대해 유익한 설명을 제시하고 있다. 그는 연금술을 간략히 정리한 다음에, 그 작업의 시작이자 끝인 진정한 또는 완전한 인간인 진인(眞人)에 대해 설명한다. "진인은 존재하기도 하고 존재하지 않기도 한다. 그는 금방 낮아지다가도 금방 다시 차오르는 그런 거대한 저수지를 닮았다." 진인은 도른의 '베리타스'(진리)처럼 어떤 물질적인 본질로 나타나며, 그 안에서 "각(角)과 원, 직경, 차원들이 뒤섞이며, 하늘과 땅이 시작되기 전부터 존재하고 있던 이 요소들은 서로를 제지한다". 이것은 다시 우리가 서양의 연금술에서 발견했던 극도로 신비스런 인상을 그대로 전하고 있다.

위백양은 더 나아가 어떤 영역에 대해 말한다. "사방이 막혀 있으며, 그 안은 서로 통하는 미로들로 이뤄져 있다. 보호가 너무나 완벽하기 때문에 사악하거나 바람직하지 않은 것은 얼씬도 하지 못한다. … 생각을 멈추는 것이 바람직하고 걱정은 어리석다. 신성한 기(氣)가 사방을 꽉 채우고 있으며, 기는 억제되지 않는다. 기를 간직하는 사람은 누구나 번영할 것이고, 기를 잃는 사람은 사라질 것이다." 이유는 후자에 속하는 사람의 경우에 "그릇된 방법"을 채택할 것이기 때문이다. 그 사람은 모든 일에서 태양과 별들의 경로를 따를 것이다. 바꿔 말하면, 중국인들의 품행의 원칙에 따라, 합리적으로 정리된 삶을 영위할 것이라는 뜻이다. 그러나 이런 삶은 여성적인 원리(陰)의 도(道)에는 적절하지 않다. 다시 말하면, 의식의 원리들이 무의식(남자의 경우에 여성적인 성격을 지닌다)과 조화를 이루지 못한다는 뜻이다. 만약 이 시점에 연금술사가 전통적으로 합리적인 것으로 여겨진 원칙들에 따라서 자신의 삶을 영위한다면, 그는 자신을 위험에 빠뜨릴 수 있다. "검은 덩어리에 재앙이 닥칠 것이다." 검은 덩어리는 서양 연금술의 카오스 또는 '니그레도'(nigredo), 즉 '혼돈 덩어리'이다. 그것은 곧 납처럼 밖은 검고 속은 흰 원물질이다. 그것은 어둠 속에 숨겨진 진인이고, 삶의 합리적이고 정확한 영위 때문에 위험해질 수 있는 완전한 인간이다. 정수(精髓)(서양 연금술에서 장밋빛 피)인 기(氣)는 "억제"되지 않으며, 자기는 스스로를 드러내려고 노력하며 의식을 엎어버리겠다고 위협한다. 이 위험은 서양 연금술사에게 특별히 중요했다. 왜냐하면 '그리스도를 본받는다'는 이상이 연금술사로 하여금 영혼의 물질에서 장밋빛 피가 스며나오게 하는 것을 실제로 자기 자신에게 가해야 하는 과제로 여기도록 했기 때문이다. 연금술사는 자기의 요구사항을, 그것이 자신에게 어떤 피해를 입히든 불문하고 실현시키는 것을 도덕적 의무로 느꼈다. 그의 눈에는 신과 신의 최고의 도덕 원리들이 이런 자기희생을 요구하는 것처럼 보였다. 어떤 사람이 이런 요구사항을 받아들이고 실천하면서 죽어갈 때, 그것이야말로 정말로 자신을 희생시키는 것이다. 왜냐하면 그런 경우에 자기도 그 그릇이 되어주어야 할 인간을 파괴함에 따라 마찬가지로 패자가 되기 때문이다. 이 위험은, 그 중국 스승이 정확히 관찰하고 있듯이, 사회적 삶이 아닌 다른 그 무엇, 즉 무의식의 통합과 개성화 과정이 문제가 되는 순간에 품행의 전통적, 도덕적, 합리적 원리들이 강요될 때 일어난다.

위백양은 오류의 생리적, 정신적 결과들을 세세하게 묘사하고 있다. "먹은 음식에서 나오는 기체가 장과 위 안에서 소음을 일으킬 것이다. 옳은 정수(氣)는 발산하고 나쁜 정수는 들이마셔질 것이다. 잠을 못 이루는 가운데 밤낮이 흘러가고 달이 흘러갈 것이다. 그러면 육체는 지치고 건강하지 못한 모습을 보일 것이다. 맥박이 매우 빨라지면서 정신과 육체의 평화를 몰아낼 것이다." (의식적인 도덕을 따르면서) 신전을 건설하고 밤낮으로 제단을 열심히 지키고 제물을 바치는 것도 아무런 소용이 없을 것이다. "영적인 것들이 나타날 것이고, 그는 잠을 자면서도 그런 것들에 경탄할 것이다. 이어 그는 자신이 장수를 누리게 되었다고 확신하면서 기뻐할 것이다. 그러나 돌연 그가 때 이른 죽음을 맞으며 쓰러지고 말 것이다." 저자는 여기서 도덕을 덧붙이고 있다. "따라서 아주 사소한 실수도 엄청난 재앙을 부를 수 있다." 서양 연금술의 통찰력은 이 정도 깊이까지 파고들지는 않았다. 그럼에도 불구하고, 연금술사들은 그 작업의 미묘한 위험들을 잘 알고 있었으며, 그들은 연금술사의 지성도 아주 높아야 할 뿐만 아니라 도덕적 자질도 아주 우수해야 한다는 것을 잘 알았다.

그래서 크리스티안 로젠크로이츠(Christian Rosencreutz[116])가 왕족 결혼을 위해 제안한 내용은 이렇다.

부단히 경계하고
그대 자신을 유념하라.
그대가 근면으로 씻지 않으면
그 결혼은 그대를 안전하게 지키지 못하리.

116 17세기 초반의 문서에서 장미십자회의 창립자로 거론되는 인물이다.

여기서 그것이 미뤄지면, 그가 해를 입힐 것이니.

그가 또한 중요한 빛도 조심하게 하라.

『키미컬 웨딩』에서 일어나는 일을 근거로 하면, 연금술은 왕족 짝의 변질과 결합에만 관심을 두고 있는 것이 아니라 연금술 숙련자의 개성화에도 관심을 두고 있는 것이 분명하다. 그림자와 아니마와의 결합은 가볍게 봐서는 안 되는 어려운 일이다. 그때 나타나는 상반된 것들의 문제와 그 문제가 야기하는, 대답 불가능한 질문들은 초자연적 경험의 형태로 보상적인 원형적 내용물과 연결된다. 연금술사들의 지적 소양이 제한적이었음에도 불구하고, 콤플렉스 심리학이 한참 뒤에야 발견한 것을 연금술사들은 이미 오래 전에 상징적으로 알고 있었다. 라우렌치우스 벤투라는 이 통찰을 간략히 표현하고 있다. "그 작업의 완벽은 숙련자의 능력에 있지 않으며, 대단히 자비로운 신이 자신이 주고자 하는 자에게 직접 그것을 준다. 바로 이 지점에 모든 위험이 자리 잡고 있다." 여기서 우리는 "대단히 자비로운"이라는 단어들을 아마 액막이성의 완곡어법으로 받아들여야 한다는 점을 덧붙여야 한다.

16

방어 수단으로서 이해력

연금술 숙련자를 위협하는 위험들에 대해 논했으니, 이제 섹션 14에서 다뤘던 오스타네스의 인용으로 다시 돌아가도록 하자. 숙련자들은 자신이 안달루시아 왕자의 형태로 나타나는 라피스에 전혀 저항을 하지 못한다는 것을 알고 있었다. 라피스는 그들보다 더 강해 보였으며, 그 텍스트는 숙련자들이 오직 3가지 무기만을, 그러니까 "체념"과, "지식"이라는 공격 수단, "이해력"이라는 방어 수단만을 갖고 있을 뿐이라고 말한다. 이를 근거로 하면, 숙련자들은 자신들이 무저항의 정책을 채택하라는 조언을 받고 있다고 생각하는 한편으로, 지성과 이해력에서 피난처를 추구한 것이 분명하다. 라피스가 강력한 힘을 지닌다는 점은 "철학자는 그 돌의 주인이 아니라 대리인이다."라는 말에 의해 뒷받침되고 있다. 분명히 숙련자들은 돌의 힘에 굴복해야 하지만, 이해력을 갖추게 되면 숙련자들은 최종적으로 그것을 무기로 왕자를 살해할 수 있을 것이다. 만약에 우리가 숙련자들이 겉보기에 무적인 것 같은 그것을 이해하고, 그렇게 함으로써 그 힘을 깨뜨리려고 최대한 노력할 것이라고 단정한다면, 아마 우리의 판단이 틀리지 않을 것이다.

비밀스런 이름을 짐작해낼 수 있는 사람은 그 이름의 주인을 지배한다는 것은 잘 알려진 그림 형제의 동화 '룸펠슈틸츠헨'(Rumpelstiltskin)의 모티브일 뿐만 아니라 역사가 매우 깊은 원시적인 믿음이기도 하다. 심리 요법에서 공격이 불가능해 보이는 신경증 증후들을 그 밑바닥에서 작용하고 있는 내용물을 의식적으로 이해하고 경험함으로써 종종 무력화시킬 수 있다는 것은 잘 알려진 사실이다. 이것은 꽤 분명하다. 왜냐하면 그런 경우에 그 증후를 지속시켰던 에너지를 의식이 자유롭게 활용할 수 있게 되고, 따라서 생명력이 증대되는 한편으로 쓸데없는 억제와 방해가 줄어들게 되기 때문이다.

오스타네스의 텍스트를 이해하기 위해서는 그런 경험들을 마음에 새기는 것이 중요하다. 이전에 무의식이었던 신비한 내용물이 저절로 또는 어떤 방법의 적용을 통해서 의식 속으로 들어올 때마다, 그런 일들이 벌어진다. 마법에 관한 모든 텍스트와 마찬가지로, 정복당한 악마의 힘이 숙련자에게 옮겨지는 것으로 여겨지고 있다. 우리 현대인의 의식은 이와 똑같이 생각하고 싶은 유혹을 좀처럼 뿌리치지 못한다. 우리는 정신의 내용물이 통찰력에 의해 완전히 처분될 수 있다고 곧잘 단정한다. 이 말은 별로 중요하지 않은 내용물에만 적용될 뿐이다. 신비한 콤플렉스들은 형태를 바꾸라는 유혹을 받을 수 있지만, 그 내용물이 어떤 형태든 취할 수 있기 때문에 완전히 효력을 상실한다는 뜻에서 보면 콤플렉스들은 결코 사라지지 않는다.

그 내용물은 어느 정도 자율성을 갖고 있으며, 그것은 억압되거나 체계적으로 무시당할 때 부정적이고 파괴적인 방향으로 위장한 상태로 다른 곳에서 나타난다. 마술사가 자신에게 유리한 방향으로 마음대로 부릴 수 있다고 상상하는 악령이 마지막에 마술사에게 일격을 가하는 것과 다르지 않다.

악령을 자신의 목적을 위해 심부름 정령으로 이용하려고 노력하는 것은 시간 낭비이다. 정반대로, 모호한 이 형상이 자율성을 누린다는 점을 언제나 명심해야 한다. 그것이 우리를 개성화 쪽으로 몰아붙이는 그 무서운 힘의 원천이니까. 따라서 연금술사들은 자신의 돌에 신성한 특성들을 부여하는 것을, 그리고 그것을 하나의 소우주와 한 사람의 인간으로서 예수 그리스도와 동등한 위치에 올리는 것을 망설이지 않는다. "그리고 바로 여기에 모든 위험이 자리 잡고 있다." 우리는 우리 자신의 정신적 파괴의 위험을 무릅쓰며 이 불가사의한 존재를 좁은 인간의 주형 안에 집어넣을 수 없으며, 거기에 집어넣으려 들어서도 안 된다. 이유는 그 존재가 인간의 의식보다도 더 크고, 인간의 의지보다도 더 크기 때문이다.

연금술사들이 이따금 무의식에 의해 만들어진 상징들을 매혹적인 이름으로 사용하는 경향을 드러냈듯이, 현대인은 무의식의 부정(否定)이라는 정반대의 목표를 위해서 지적인 개념들을 그와 비슷하게 이용한다. 마치 이성과 지성을 동원하면 무의식의 자율성이 존재하지 않도록 마술이라도 부릴 수 있다는 듯이. 정말 놀랍게도, 나를 비판하는 사람들 중에 내가 살아 있는 정신을 지적인 개념들로 대체하길 원한다고 주장하는 사람들이 있다. 나의 개념들이 경험적 발견을 바탕으로 하고 있다는 사실을, 또 그 개념들이 경험의 여러 영역들을 일컫는 이름에 불과하다는 사실을 그들이 왜 보지 않으려 하는지, 나는 도무지 이해가 되지 않는다. 만약 내가 나의 진술의 토대가 되는 사실들을 제시하지 않았다면, 그런 오해도 이해할 수 있을 것이다. 나를 비판하는 사람들은 나 자신이 살아 있는 정신의 사실들에 대해 말하고 있다는 사실을, 나에게는 철학적 곡예를 부릴 필요가 전혀 없다는 너무도 명백한 진실을 애써 무시하고 있다.

17

고문 모티브

오스타네스의 텍스트는 연금술사들이 경험하는 개성화 과정이 어떤 것인지 그 속을 들여다볼 수 있는 소중한 기회를 준다. 왕자가 연금술 숙련자에게 가하기를 원하는 "고문"에 대한 언급이 특별히 흥미롭다. 고문 모티브는 서양 텍스트에 나타나지만 정반대의 형태로 나타난다. 말하자면, 고문을 당하는 자가 연금술사가 아니라 메르쿠리우스나 라피스나 나무인 것이다. 이 같은 역할 전도는 연금술사가 실제로 고문을 당하고 있으면서도 자신이 고문을 가하는 자라고 상상하고 있다는 것을 보여주고 있다. 연금술사에게는 후에,

그러니까 피해를 입으면서 그 작업의 위험을 발견할 때 자신이 고문을 당하는 입장이라는 것이 뚜렷이 보이게 된다.

투사된 고문의 전형적인 한 예가 바로 조시모스의 환상이다. 『투르바』는 "늙은 검은 정령을 잡아서 육체들이 변할 때까지 그것들을 파괴하고 고문하라."고 말한다. 다른 곳에서 어느 철학자는 그 자리에 모인 현자들에게 "고문을 당한 것은 육체 속에 잠기면서 파괴되지 않고 불변하는 어떤 본성으로 변한다."고 말한다. 그 책을 보면, 18번째 대화에서 문두스(Mundus)가 이렇게 말한다. "이것을 실제로 적용하면서 무엇인가를 발견하려고 노력하는 사람들이 많지만, 그들은 그 고문을 견뎌내지 못한다."

이 인용들은 고문이라는 개념이 모호한 개념이라는 사실을 보여주고 있다. 첫 번째 인용의 경우에, 고문을 당하는 것은 물체들, 즉 작업의 원재료들이다. 두 번째의 경우에, 고문을 당하는 것은 틀림없이 종종 '레스'(res)라 불리는 불가사의한 물질이다. 세 번째의 경우에, 고문을 참아내지 못하는 사람은 연구원들이다. 이 같은 모호성은 절대로 우연이 아니며, 거기엔 깊은 이유들이 있다.

『투르바』의 라틴어 번역본이 나온 시대의 고문서들에, '그리스어 마법 파피루스'(Magic Papyri)[117]의 것과 비슷한 끔찍한 비법이 소개되고 있다. 예를 들면, 살아 있는 수탉의 내장을 끄집어내고 털을 뽑거나, 사람을 열을 가한 돌 위에서 건조시키거나, 손과 발을 자르는 비법 등이 있다. 여기서 고문은 육체에 가해지고 있다. 그러나 똑같이 오래된 '트락타투스 미크레리스'(Tractatus Micreris)에서 또 다른 버전이 발견된다. 거길 보면, 창조주가 영혼들을 육체들로부터 분리시키고 그 영혼들을 심판하고 보상하듯이, "우리도 이 영혼들을 말로 추켜세우고 최대한 가혹하게 처벌해야 한다."는 말이 나온다. 이 지점에서, 누군가는 영혼이 이런 식으로 다뤄질 수 있는지에 대해 의문을 품을 수 있다. 영혼이 "보잘것없고" 더 이상 육체에 내재하지 않기 때문이다. 스승은 이렇게 말한다. "영혼은 대단히 미묘하고 정신적인 것으로, 말하자면 그것과 비슷한 불의 본성으로 고문해야 한다. 왜냐하면 영혼의 육체가 고문을 당하면 고문이 영혼까지 닿지 않아 영혼이 고문을 당하지 않게 되기 때문이고, 또 영혼이 오직 정신적인 것에 의해서만 건드려질 수 있는 정신적 본질을 갖고

117   이집트의 사막에서 발견된, 대부분이 고대 그리스어로 쓰인 문헌들의 컬렉션을 말한다.

있기 때문이다."

여기서 고문을 당하는 것은 원물질이 아니라, 원물질에서 추출되어 지금 정신적 순교를 겪어야 하는 영혼이다. "영혼" 은 대체로 불가사의한 물질로, 그러니까 원물질이나 그것을 변질시키는 수단에 해당한다. 우리가 본 바와 같이, 페트루스 보누스는 연금술의 범위에 대해 의심을 품었던 최초의 중세 연금술사 중 한 사람인데, 그는 이렇게 말한다. 게베르가 어려움에 봉착했듯이, "우리도 오랫동안 인사불성 상태에 빠져 절망의 망토 속에 숨겨졌다. 그러나 우리가 정신을 차리고 우리의 생각들을 무한한 숙고로 고문했을 때, 우리는 그 본질을 보았다". 이어서 페트루스 보누스는 우리가 "우리 자신을 통해서 이 작용[용해]을 발견하는 것"이 필요하다고 말한 이븐 시나의 말을 인용한다. "이것들은 실험 전에 오랫동안 치열하게 명상한 결과 우리에게 알려졌다."

페트루스 보누스는 연구자의 정신적 고뇌를 강조함으로써 고통을 연구자의 몫으로 돌리고 있다. 그 점에서 그의 판단이 옳다. 왜냐하면 연금술사들의 가장 중요한 발견들이 그들 자신의 정신 과정에 대한 명상에서 나오기 때문이다. 원형의 형태로 화학 물질로 투사되는 연금술사들의 정신 과정은 무한한 가능성으로 그들의 정신을 현혹시켰다. 도른이 "어떤 인간도 사전에 신성한 빛에 의해 계몽되지 않는 한 그 기술을 이해하지 못한다."고 말한 바와 같이, 결과들에 대한 똑같은 사전 지식이 일반적으로 요구되고 있다.

물질을 고문하는 것은 조지 리플리 경의 글에도 나타난다. "부자연스런 불이 물체들을 고문해야 한다. 그 불이 지옥의 불처럼 맹렬히 타는 용이기 때문이다." 리플리도 다른 많은 연금술사들과 마찬가지로 지옥의 고통을 투사하고 있는 것이 분명하다. 16세기와 17세기의 저자들에게 와서야, 페트루스 보누스의 통찰이 다시 통하게 된다. 그 중에서 도른의 견해가 두드러진다. "그런 까닭에 궤변가들은 이 메르쿠리우스를 다양한 고통으로 박해했다. 어떤 궤변가들은 승화, 응고, 침전, 그리고 수은을 함유한 강력한 물로 고통을 가했는데, 이 모든 것은 피해야 하는 잘못된 과정이다." 게베르와 알베르투스를 그런 궤변가들에 포함시키면서, 도른은 조롱하듯 "'위대한'이라는 뜻의 성이 붙어 있다."고 말한다. 그는 '피시카 트리스메지스티'(Physica Trismegisti)에서 심지어 전통 깊은 흑화(黑化: nigredo)까지도 하나의 투사라고 선언한다. "헤르메스가 말하기를, '그대로부터 모든 모호함

(어둠)이 달아날 것이다'라고 했다. 그는 '금속으로부터'라고 말하지 않는다. 모호함으로는 질병의 어둠과 육체와 정신의 병을 제외한 다른 것은 절대로 이해하지 못한다."

『아우로라 콘수르겐스』1부 중 많은 단락은 이 점에서 중요하다. '오스타네스의 서'를 보면, 철학자들이 또 다른 돌 안에 싸여 있는 돌 위로 눈물을 떨어뜨린다. 그들의 눈물로 이슬처럼 적셔서, 그 돌이 검정을 잃고 하나의 진주로 하얗게 되도록 하기 위해서이다. 『로사리움』에 그라티우스(Gratianus)를 인용한 부분은 "연금술에 고귀한 물질이 있다. 그 물질은 처음에는 초산 때문에 찡그리게 하지만 최종적으로 기쁨으로 행복하게 만든다."고 말한다. '콘실리움 코니우지'는 흑화와 우울증을 동일시한다. 비제네르는 음침한 납에 대해 말한다. "납은 신이 우리를 괴롭히면서 우리의 감각에 문제를 일으키는 그런 낭패와 화를 의미한다." 이 연금술 숙련자는 언제나 신비한 물질로 여겨진 납이 우울의 상태와 동일한 것으로 알고 있었다. 마찬가지로, '아우렐리아 오쿨타'(Aurelia occulta) 속의 의인화된 원물질은 자신의 형제인 사투르누스(토성)에 대해 정신이 "우울의 열정에 압도되었다."고 말한다.

고통과 슬픔이 대단히 중요한 역할을 하는 이런 사고의 맥락에서, 나무가 그리스도의 십자가와 연결되는 것은 그리 놀라운 일이 아니다. 이 비유는 십자가의 나무가 낙원의 나무에서 왔다는 오래된 전설에 의해 뒷받침되었다. 이 비유를 뒷받침하는 또 다른 증거는 십자가로 상징되는 콰테르니티였다. 나무가 4개의 원소들이 결합하는 과정을 나타낸다는 사실 때문에 콰테르니티의 특성을 지니기 때문이다. 나무의 콰테르니티는 기독교 시대 이전으로 거슬러 올라간다. 그것은 금과 은, 철, "합금"으로 된 4개의 가지를 가진 나무가 나타난 차라투스트라(Zarathustra)의 환상에서도 발견된다. 이 이미지는 훗날 연금술의 금속들의 나무에서 다시 나타나며, 이 나무는 당시에 그리스도의 십자가와 비교되었다. 조지 리플리의 글에서, 왕족의 짝, 즉 최고의 상반된 것들은 결합과 부활을 위해 십자가에 못 박힌다. "만약에 내가 들어올려진다면, [그리스도가 말하는 바와 같이] 나는 모든 인간들을 나에게로 끌어들일 것이다. … 그 후로, 십자가에 못 박혀 생명을 잃은 두 부분이 결혼할 때, 남자와 여자는 함께 매장된 후에 생명의 정령에 의해 다시 활력을 얻을 것이다."

　　그 나무는 종교의 심리학이라는 관점에서 보면 매우 흥미로운 도른의 논문 '이론 철학'(Speculativa philosophia)의 한 단락에 변질의 상징으로도 나타난다. "[신은] 3개의 갈퀴가 달린 황금 갈고리 대신에 칼을 나무에 매달면서, 천사의 손에서 자신의 분노의 칼을 빼앗기로 결정했다. 그리하여 신의 분노가 사랑으로 바뀌었다." 예수 그리스도는 로고스로서 양날의 칼이며, 이 칼은 '요한 묵시록' 1장 16절에 나타난 것처럼 신의 분노를 상징한다.

나무에 매달린 칼이라는 그리스도의 다소 특이한 비유는 거의 틀림없이 십자가에 매달려 있는 뱀의 비유이다. 성 암브로시우스(St. Ambrose)에게, "나무에 달린 뱀"은, 알베르투스 마그누스에게 "십자가의 놋쇠 뱀"이 그렇듯이, "그리스도의 한 유형"이다. 그리스도는 로고스로서 오피스파[118] 사이에 누스의 뱀인 나스와 동의어이다. 아가토다이몬(Agathodaimon: 선한 정령)은 뱀의 형태였으며, 필론(Philo)에게 뱀은 "가장 영적인" 동물로 여겨졌다. 한편, 뱀의 냉혈과 열등한 뇌 조직은 주목할 만한 수준의 의식의 발달을 암시하지 않으며, 뱀과 인간의 무관성은 뱀이 외계의 생명체처럼 비치도록 만들

118   2세기부터 몇 세기 뒤까지 로마 제국에서 세를 얻었던 그노시스주의를 일컫는다. 이름은 그리스어로 '뱀'을 뜻하는 'ophis'에서 비롯되었다.

었고, 그래서 뱀은 인간에게 공포를 불러일으키는 한편으로 인간을 매료시키기도 한다. 따라서 뱀은 무의식의 두 가지 측면, 즉 냉담하고 무자비한 본능과 원형들로 구현되고 있는 자연의 지혜라는 측면을 상징하는 것으로 아주 적절하다. 지하의 뱀으로 표현되는, 그리스도의 로고스 본성은 '구약성경'에 '사피엔티아'(Sapientia: 지혜)에 의해 예상되고 있는, 신성한 어머니의 모성적인 지혜이다. 따라서 뱀 상징은 그리스도를 무의식의 모든 측면을 구현하는 존재로 그리며, 그런 존재로서 뱀은 (오딘[119]처럼 "창에 부상을 입고") 제물로 나무에 걸려 있다.

심리학적으로 보면, 이 뱀의 희생은 무의식을 극복하고 또 동시에 무의식적으로 자기 어머니에게 매달리는 아들의 태도를 극복하는 것으로 이해되어야 한다. 연금술사들은 내가 보여준 바와 같이 무의식의 구현임이 거의 틀림없는 메르쿠리우스의 변질을 나타내는 데도 똑같은 상징을 이용했다. 나는 꿈에서 이 모티브를 몇 차례 접했다. 한 번은 십자가에 못 박힌 뱀으로('요한복음' 3장 14절을 의식적으로 생각하던

---

119 북유럽 신화에 나오는 지식과 문화, 전쟁의 최고신이다.

상황이었다), 그 다음에는 십자가로 변한 어떤 막대기 위에 걸린 검은 거미로, 마지막으로 십자가에 못 박힌 발가벗은 여인의 몸으로 나타났다.

18

고통과 융합의 관계

앞에서 인용한 도른의 말 중에서, 세 갈래의 갈퀴가 있는 황금 갈고리는 그리스도를 가리킨다. 중세의 비유에서, 아버지 신이 리바이어던을 잡은 갈고리가 십자가이기 때문이다. 물론 황금 삼지창은 삼위일체를 암시하며, 그것이 "금으로 만들어진" 사실은 연금술적 함의를 지닌다. 이것은 도른의 이 이상한 비유에서 신의 변형이라는 관념이 연금술의 신비와 밀접한 관련이 있는 것과 똑같다.

신이 갈고리를 던진다는 개념은 마니교에 기원을 두고 있다. 신은 원초의 인간을 어둠의 세력들을 잡는 미끼로 이용했다. 원초의 인간은 "프시케"(Psyche)라 불렸으며, 보스트라의 티투스(Titus of Bostra)에게 원초의 인간은 세상의 영혼이다. 프시케는 집단 무의식과 일치하며, 집단 무의식은 단일한 본질 때문에 단일적인 원초의 인간에 의해 표현된다.

이 사상들은 이레네우스에서 소피아-아카모스(Sophia-Achamoth)라는 그노시스주의 개념과 밀접히 연결된다. 이레네우스는 이렇게 보고한다.

> 필요에 의해서, 높은 곳에 거주하는 소피아의 숙고는 고통과 함께 플레로마(Pleroma)[120]를 떠나 허공의 어둠과 빈 공간으로 향했다. 플레로마의 빛과 분리된 소피아는 때 이르게 출생한 것처럼 형태나 모양이 없었다. 왜냐하면 그녀가 아무것도 이해하지 못했기[즉, 무의식적인 존재가 되었기] 때문이다. 그러나 십자가 위 높은 곳에 팔을 벌린 상태에서 거주하고 있는 예수 그리스도가 그녀를 가엾게 여겨, 그의 권능으로 그녀에게 형태를 주었으나 오직 본질의 측면에서만 주었으며, 따라서 지성[즉, 의식]을 전하지 못했다. 이 일을 끝낸

---

120 충만하고 완전한 상태를 뜻한다. 신의 권능의 총체를 의미한다.

뒤에 신은 자신의 권한을 거둬들이고 [플레로마로] 돌아갔다. 따라서 아카모스는 일을 스스로 처리해야 했으며, 플레로마로부터의 분리로 야기된 고통을 지각할 수 있게 됨에 따라, 그녀는 보다 나은 것들에 대한 욕망의 영향을 받을 수 있었다. 한편, 그녀는 그리스도와 성령에 의해 그녀에게 남겨진, 일종의 불멸의 기미를 갖게 되었다.

그노시스주의자들에 따르면, 어둠 속으로 미끼로 던져진 것은 원초의 인간이 아니라 지혜의 여성적인 모습인 소피아-아카모스였다. 이런 식으로, 남성적인 요소는 어둠의 권력들에게 삼켜지는 위기를 모면하고 빛의 영적 영역 안에 안전하게 남은 반면에, 소피아는 부분적으로 숙고의 행위에 의해서, 또 부분적으로 필요에 의해서 외부의 어둠과 관계를 맺기에 이르렀다. 소피아에게 들이닥친 고통은 다양한 감정, 즉 슬픔과 공포, 당황, 혼돈, 갈망 등의 형태를 띠었다. 그녀는 방금 웃다가도 조금 있다가 울었다. 이 같은 감정들로부터 세상이 생겨났다.

이 이상한 창조 신화는 틀림없이 "심리학적"이다. 이 신화는 여성적인 아니마가 남성적이고 영적 경향이 강한 의식으로부터 분리되는 것을 우주적인 투사의 형태로 묘사하고 있다. 그런데 그노시스주의 못지 않게 그 시대의 이교도 철학들에도 나타났듯이, 의식은 정신이 감각들의 세계를 최종적으로, 또 절대적으로 지배하는 것을 목표로 잡고 있다. 의식의 이런 발달과 분화는 문학적으로 아풀레이우스 (Apuleius)[121]의 『변신』(Metamorphoses)에, 보다 구체적으로 '아모르와 프시케'(Amor and Psyche)의 이야기에 그 흔적을 남겼다. 이 부분은 그 주제를 연구한 에리히 노이만(Erich Neumann)의 저서에 잘 설명되고 있다.

소피아의 감정 상태는 무의식, 즉 그녀의 무정형 속으로 가라앉았으며, 그녀가 어둠 속에서 길을 잃을 가능성은 자기 자신과 자신의 이성과 영성을 전적으로 동일시하는 어떤 남자의 아니마의 특징을 아주 분명하게 보여준다. 그런 남자는 자신의 아니마로부터 분리되는, 따라서 무의식의 보상적인 힘들과의 연결을 완전히 잃어버릴 위험에 처해 있다. 이런 경우에, 무의식은 대체로 폭력적인 감정들, 말하자면 성급함과 통제력 결여, 거만, 열등감, 변덕, 우울, 화의 폭발 등으로

121   고대 로마의 소설가.

반응한다. 또 거기에 자기비판의 결여와 오판, 실수, 망상이 수반된다.

그런 상태에 처하면, 남자는 곧 현실과의 접촉을 잃는다. 그의 영성은 무모하고, 거만하고, 무도해진다. 그의 이데올로기가 적응되지 않았을수록, 그 이데올로기는 인정을 더 강력하게 요구하고, 필요하다면 폭력적으로라도 인정을 얻으려 들게 된다. 이런 상태는 영혼이 고통 받는 상태이다. 그럼에도 처음에 그 상태는 내성(內省)이 부족한 탓에 그런 상태로 지각되지 않으며 의식에 점진적으로 막연한 어떤 병으로 다가온다. 최종적으로 이 감정은 정신으로 하여금 뭔가 잘못되었다는 점을, 또 그 사람이 진정으로 고통을 당하고 있다는 점을 인식하도록 강요한다. 이때는 더 이상 의식에서 추방될 수 없는 육체적, 심리적 증후들이 나타난다.

신화의 언어로 표현하면, 그리스도(남성적인 영성의 원리)가 소피아(즉, 프시케)의 고통을 지각하고, 따라서 그녀에게 형태와 존재를 부여한다. 그러나 그리스도는 소피아를 그녀가 스스로 알아서 처리하도록 내버려둔다. 그래서 그녀는 자신의 고통의 힘을 고스란히 다 느껴야 한다. 이것이 심리학적으로 의미하는 바는 남성적인 정신이 단순히 정신적 고통을 지각하는 것으로 만족하면서 고통 뒤에 도사리고 있는 이유들을 의식하지 않고 그냥 아니마를 '고통'의 상태로 내버려둔다는 뜻이다. 이 과정은 전형적이며, 오늘날 남자 신경증 환자들뿐만 아니라 편파성(보통 지적인 방향으로 치우침)과 심리학적 무지 탓에 무의식과 갈등을 빚고 있는 소위 정상적인 사람들 사이에서도 관찰된다.

이 원초의 인간(그리스도)이 여전히 어둠을 정복하는 수단이지만, 그럼에도 불구하고 그는 플레로마에서 그와 함께 존재했던 여성적인 존재인 소피아와 역할을 공유하고 있다. 게다가, 십자가에 못 박힌 존재는 신의 낚싯대에 더 이상 미끼로 나타나지 못한다. 대신에 그는 십자가에서 팔을 쫙 벌린 모습으로 무정형의 여성적인 반쪽에게 나타나면서 그녀에게 "동정심"을 품는다. 그리스어 텍스트는 이 대목에서 확장과 펼침을 특별히 강조하는 표현을 쓴다. 소피아 앞에 이 고통의 이미지가 제시되는 것은 그녀도 그의 고통을 인식하도록 하고, 그도 그녀의 고통을 인식하도록 하기 위한 것이다. 그러나 이 같은 인식이 일어날 수 있기 전에, 그리스도의 남성적인 영성이 빛의 세계로 철수해 버린다.

이 같은 결말은 전형적이다. 빛이 어둠의 기미를 포착하고 어둠과 결합할 가능성이 생기게 되자마자, 어둠뿐만 아니라 빛에 고유한 권력 욕구가 자신의 입장을 강력히 내세우면서 그 위치에서 움직이지 않으려 드는 것이다. 빛은 그 광휘를 꺼뜨리려 하지 않을 것이고, 어둠은 만족감을 안겨주는 감정들을 포기하지 않을 것이다. 빛과 어둠 중에서 어느 것도 자신들의 고통이 똑같은 것이라는 것을, 또 그 고통이 의식이 되는 과정 때문이라는 것을 알아차리지 못한다. 이 과정 때문에 원래 하나였던 것이 화해 불가능한 두 개의 반쪽으로 찢어지고 있는데도 말이다. 이 같은 구별의 행위 없이는 어떤 의식도 있을 수 없으며, 그에 따른 이중성은 의식의 소멸 없이는 절대로 다시 통합되지 못한다. 그러나 원래의 완전성은 하나의 소망으로 남아 있으며, 그것을 소피아는 그노시스주의의 그리스도가 원하는 것보다 더 간절히 원하고 있다. 오늘날에도 합리적인 지성에는 구별과 분화가 상반된 것들의 결합을 통한 완전성보다 더 중요하게 여겨지고 있다. 그것이 완전성의 상징을 만들어내는 것이 무의식인 이유이다.

이 상징들은 대체로 4가지 요소로 되어 있으며, 서로 교차하는, 상반된 것들의 짝 2개로 이뤄져 있다. 4개의 점은 하나의 원을 그린다. 원은 점을 제외하고 가장 단순한 완전성의 상징이며, 따라서 원은 신의 가장 단순한 이미지이다. 이 같은 사고는 우리의 텍스트에서 십자가를 강조하는 것과 어떤 관련이 있다. 이유는 나무뿐만 아니라 십자가도 결합의 매개체이기 때문이다. 그래서 성 아우구스티누스(St. Augustine)가 십자가를 부부의 침대에 비유하고, 동화에서 주인공이 커다란 나무의 꼭대기에서 자신의 신부를 발견한다. 그런 큰 나무는 연금술사와 마찬가지로 샤먼이 천상의 배우자를 발견하는 곳이다. 결합은 생의 어떤 정점이자 동시에 어떤 죽음이며, 그런 이유 때문에 우리의 텍스트는 "불멸의 향기"에 대해 언급한다. 한편으로 아니마는 저 너머의 세상과 영원한 이미지들과 연결되는 고리이며, 다른 한편으로, 아니마의 감상성은 남자가 땅속의 세상과 그 세상의 일시성에 얽히도록 만든다.

19

인간으로서의 나무

차라투스트라의 환상과 네부카드네자르의 꿈, 그리고 인
도인들의 신에 관한 바르데사네스(Bardesanes)[122]의 보고처
럼, 낙원의 나무가 한 사람의 인간이라는 옛 유대교 학자의
사상은 인간과 철학의 나무의 관계를 보여주고 있다. 고대
전설에 따르면, 인간은 나무나 식물에서 나왔다. 철학의 나
무는 말하자면 매개자 형태의 인간이다. 왜냐하면 한편으로
그 나무가 원초의 인간에서 나오고, 또 다른 한편으로 그것

---

122 시리아의 그노시스주의 사상가(A.D. 154?- 222?).

이 인간으로 성장하기 때문이다. 당연히, 그리스도를 한 그루의 나무나 포도나무로 본 교부들의 인식은 매우 큰 영향력을 행사했다. 우리가 말한 바와 같이, 『판도라』에서 그 나무는 여자의 형태로 그려지고 있으며, 이것은 이 에세이 앞부분에서 소개한 그림들과 일치한다. 그런데 이 그림들은 연금술에서 나온 그림들과 달리 대부분이 여자들이 그린 것이다.

이 같은 사실은 여성적인 나무 수호신을 어떤 식으로 해석해야 하는가 하는 문제를 제기한다. 우리가 역사적 자료들을 조사한 결과는 그 나무가 안트로포스 또는 자기로 해석될 수 있다는 점을 보여주었다. 이런 해석은 '스크립툼 알베르치'의 상징적 표현에서 특별히 뚜렷이 드러나며, 우리의 그림들에 표현된 공상의 자료에 의해 뒷받침되고 있다. 따라서 여성적인 나무 수호신을 자기로 해석하는 것은 여자들에게는 유효하지만, 연금술사들과 인문주의자들에게 나무의 여성적 표현은 아니마 형상의 투사이다. 아니마는 한 남자의 여성성을 구현하지 그 사람의 자기를 구현하지 않는다. 따라서 앞부분에서 소개한 〈그림 29〉와 〈그림 30〉을 그린 환자들은 나무의 수호신을 아니무스로 묘사하고 있다. 이 모든 예들에서, 본인의 성과 다른 성의 상징이 자기를 덮어 버렸다. 남자의 여성성인 아니마나 여자의 남성성인 아니무스가 의식과 통합될 만큼 충분히 분화되어 있지 않을 때 대체로 그런 일이 일어난다. 그래서 자기는 하나의 직관으로서 오직 잠재적으로만 나타날 뿐이며 현실화되지는 않는다.

나무가 도덕적으로나 물리적으로 연금술 작업과 변질의 과정을 상징하는 한, 그 나무는 또한 일반적인 생명 과정을 의미한다. 그 나무가 생명의 정령인 메르쿠리우스와 동일시되는 것이 이 관점을 뒷받침한다. 연금술 작업이 삶과 죽음과 부활의 신비이기 때문에, 나무도 마찬가지로 이 같은 의미를 얻으며, 우리가 이레네우스의 글에 보고되는 바르벨리오트의 관점에서 본 바와 같이, 나무는 추가로 지혜의 특성을 얻는다. "인간[안트로포스]과 그노시스로부터 그 나무가 태어나며, 그들은 그 나무를 그노시스라고 부른다." 유스티누스의 그노시스에서, "생명의 나무"라 불린 천사 바룩은 계시의 천사이다. 『알렉산더의 로맨스』(Romance of Alexander)[123]에서 해와 달의 나무가 미래를 예견하는 것처럼 말이다. 그러나 나무를 세계수와 세계의 축으로 우주와 연결

---

123 알렉산더 대왕의 삶과 공적을 소설 형식으로 그린 작품이다. A.D. 338년 이전에 그리스어로 쓰였다.

시키는 것은 현대인의 공상에서만 아니라 연금술사들 사이에도 부차적인 중요성을 지닌다. 왜냐하면 연금술사들과 현대인의 공상들이 똑같이 더 이상 우주로 투사되지 않는 개성화 과정에 더 많은 관심을 기울이기 때문이다. 이 원칙에 한 가지 예외는 넬켄(Jan Nelken: 1878-1940)이 보고한 어느 정신분열증 환자에게서 발견된다. 이 환자의 우주 체계에서, 아버지-신은 자신의 가슴에서 자라는 생명의 나무를 갖고 있다. 그 나무는 세계를 상징하는 빨간색과 흰색의 열매들 또는 구(球)들을 달고 있었다. 빨간색과 흰색은 연금술의 색깔이며, 빨간색은 태양을 상징하고 흰색은 달을 상징한다. 그 나무의 꼭대기에 비둘기와 독수리가 한 마리씩 앉아 있었으며, 이것은 '스크립툼 알베르치'에 나오는, 해와 달의 나무에 앉은 황새를 떠올리게 한다. 이 환자의 경우에, 연금술에서 그것과 비슷한 것들에 관한 지식을 얻는 것은 꽤 불가능한 상황이었다.

지금까지 축적한 자료를 증거로, 우리는 현대인의 무의식에서 저절로 나오는 산물들이 나무의 원형을 그 역사적 유사성이 꽤 분명하게 드러나도록 묘사하고 있다는 사실을 확인할 수 있다. 내가 아는 한, 나의 환자들이 의식적으로 이용할 수 있었을 유일한 역사적 모델들은 성경 속의 낙원에 나오는 나무와 한두 편의 동화뿐이다. 그러나 나는 환자가 의식적으로 성경의 그 이야기에 대해 생각하고 있었다는 점을 인정해야 하는 예를 하나도 떠올리지 못한다. 모든 경우에, 나무의 이미지는 저절로 나타났으며, 여성적인 어떤 존재가 나무와 결합될 때마다, 어떤 환자도 그 존재와 지식의 나무 위의 뱀과 연결시키지 않았다. 그림들은 성경에 나오는 원형보다는 나무 요정이라는 고대 사상과 더 비슷한 경향을 보인다. 유대교 전통에서, 뱀은 또한 릴리트로도 해석된다.

어떤 표현 형태가 존재하는 유일한 이유는 그 형태와 맞아떨어지는 패턴이 문화의 각 영역에서 발견되기 때문이라는 가정을 강하게 선호하는 편견이 있다. 만약에 지금의 예에서도 그 가정이 그대로 통한다면, 이런 유형의 모든 표현들은 낙원의 나무를 모델로 삼았어야 했을 것이다. 그러나 우리가 본 바와 같이, 그렇지 않다. 나무 요정이라는, 오래되고 시대에 뒤떨어진 개념이 낙원의 나무 또는 크리스마스트리를 압도하고 있다. 실은, 똑같이 시대에 뒤떨어진 우주수를 암시하는 것도 있고, 심지어 카발라를 통해서 연금술로 들어가긴

했지만 우리 문화에서 어떤 역할도 하지 않는 '거꾸로 선 나무'를 암시하는 것도 있다.

그러나 우리의 자료는 나무와 전형적인 아니마 투사인 천상의 신부라는, 널리 퍼져 있는 원시적인 샤머니즘의 개념들과 완전히 일치한다. 이 천상의 신부는 샤먼 조상들의 '아야미'(ayami: 심부름 정령, 수호 정령)이다. 그녀의 얼굴은 반은 검고 반은 붉다. 가끔 그녀는 날개를 단 호랑이의 형태로 나타난다. 스위스 시인 칼 슈피텔러(Carl Spitteler)도 "레이디 소울"(Lady Soul)을 호랑이에 비유한다. 나무는 샤먼의 천상의 신부의 생명을 나타내고 모성적 의미를 지닌다. 야쿠트족[124] 사이에 8개의 가지를 가진 나무는 원초의 인간의 출생지이다. 이 원초의 인간은 신체 윗부분이 나무의 줄기에서 자라는 어느 여인의 젖을 먹으며 성장한다. 이 모티브는 또한 나의 예들(그림 22)에서도 발견된다.

나무는 여성적인 어떤 존재와 연결될 뿐만 아니라, 뱀이나 용 등 동물들과도 연결된다. 그 그늘에서 종종 수십 개의 나가(naga: 뱀) 돌들이 발견되는 인도의 신성한 나무뿐만 아니

124　시베리아 북동부에 사는 종족.

라 위그드라실(Yggdrasil)[125]이나, 부루쿠샤 호수의 페르시아 나무인 가오케레나(Gaokerena), 헤스페리데스의 나무가 그런 예이다.

거꾸로 선 나무는 시베리아 동부의 샤먼들 사이에 중요한 역할을 한다. 카가로우(Eugen Kagarow)는 레닌그라드 박물관의 어떤 표본으로부터 나카사라 불리는 그런 나무의 사진을 공개했다. 뿌리들은 머리카락을 의미하고, 뿌리에 가까운 줄기에 얼굴이 새겨져 있다. 이것은 그 나무가 사람을 나타낸다는 것을 보여준다. 짐작컨대, 이것은 샤먼 본인이거나 보다 더 위대한 그의 인격일 것이다. 샤먼은 높은 세계에 있는 자신의 진정한 자기를 발견하기 위해 마법의 나무를 올라간다. 미르체아 엘리아데(Mircea Eliade)는 샤머니즘에 관한 탁월한 연구에서 이렇게 말한다. "에스키모인 샤먼은 이런 무아지경의 여행의 필요성을 느낀다. 이유는 그가 진정으로 자기 자신이 되는 것이 무엇보다 무아의 경지가 전개되는 동안이기 때문이다. 신비적인 경험은 그에게 자신의 진정한 인격의 한 구성 요소로서 필요하다." 황홀경은 종종 샤먼이

---

125 스칸디나비아의 신화의 중심을 이루는 세계수로 9개의 세계를 서로 연결시킨다.

자신의 심부름 정령 또는 수호 정령에게 "사로잡히는" 상태를 수반한다. 이 사로잡힘으로 인해, 그는 자신의 진정하고 완전한 영적 인격을 어느 정도 형성하는 '마법적인 기관(器官)들'을 얻는다. 이것은 샤머니즘의 상징적 표현에서 끌어낼 수 있는 심리학적 추론을, 말하자면 그것이 개성화 과정의 투사라는 추론을 뒷받침한다. 우리가 본 바와 같이, 이 추론은 연금술에도 그대로 통하며, 나무에 관한 현대의 공상들에서 그런 그림들을 그린 사람들은 자신의 의식과 의지와 별도로 일어나는 내면의 어떤 발달 과정을 그리려고 노력하고 있었다. 그 과정은 대체로 두 개의 상반된 짝들, 그러니까 아래의 것(물, 암흑, 동물, 뱀 등)과 위의 것(새, 빛, 머리 등), 왼쪽의 것(여성적인 것)과 오른쪽의 것(남성적인 것)의 결합으로 이뤄진다. 연금술에서 너무나 결정적인 역할을 하는 상반된 것들의 결합은 무의식과의 대결에 의해 시작되는 심리적 과정에도 똑같이 중요한 역할을 한다. 그렇기 때문에 서로 비슷하거나 심지어 똑같은 상징들이 등장하는 것은 절대로 놀랄 일이 아니다.

20

무의식의 해석과 통합

많은 사람들이, 미안한 말이지만 의학 분야의 나의 동료들 조차도 내가 묘사한 것과 같은 일련의 공상들이 어떻게 생겨 나는지, 그리고 내가 왜 많은 사람들에게 알려지지 않은 상 징적 표현을 비교 연구하는지에 대해 제대로 이해하지 못하 고 있다. 온갖 종류의 그릇된 편견들이 지금도 여전히 이해 를 방해하고 있지 않을까, 하는 걱정이 앞선다. 무엇보다, 꿈 뿐만 아니라 신경증도 억압된 유아기의 기억과 소망으로만 이뤄져 있다거나, 정신적 내용물은 순수하게 개인적이며, 혹 시 비개인적인 경우에는 그것이 집단의식에서 비롯된다는 독단적인 가정이 특히 우려스럽다.

정신적 장애들은 신체적 장애와 마찬가지로, 순수하게 병의 원인만 따지는 이론만으로는 설명하지 못하는, 대단히 복잡한 현상이다. 병의 원인과 그 사람의 기질이라는 미지의 X 외에, 생물학적으로 적절성이라는 목적론적 측면까지 고려해야 한다. 이 목적론적 측면은 정신의 영역에서 의미로 표현될 것이다. 정신적 장애에서, 어떤 경우에도 추정되거나 정확한 원인들을 의식으로 끌어내는 것만으로는 절대로 충분하지 않다. 치료는 의식으로부터 분리된 내용물의 통합을 반드시 포함해야 한다. 이 분리는 언제나 억압의 결과로 일어나는 것은 아니며, 억압이 부차적인 현상에 지나지 않는 때가 자주 있다. 정말로, 사춘기 이후의 발달 과정에 의식이 감정적 경향과 충동과 공상을 직면하는데, 그런 경우에 의식은 다양한 이유로 그런 것들을 통합시키려 하지 않거나 통합시키지 못한다. 이때 의식은 골치 아픈 침입자들을 제거하기 위해 다양한 형태로 그것들을 억압하고 나선다. 일반적인 원칙은 의식의 태도가 부정적일수록 그 침입자들에게 더 강하게 저항하고, 그것들을 더 낮게 평가하고, 더 무서워하고, 더 냉담하게 대하고, 더 공격적으로 나온다. 그런 경우에 분리된 내용물의 겉모습은 놀라움이다.

정신 중에서 분리된 부분과의 소통은 어떤 형식으로 이뤄지든 치료 효과를 발휘한다. 그 원인을 진짜로 발견하거나 그냥 발견한 것으로 간주할 때에도 그런 효과가 나타날 수 있다. 심지어 그 발견이 추측이나 공상에 지나지 않을 때조차도, 만약에 분석가 자신이 그것을 믿으면서 이해하려고 진지하게 시도한다면, 그것은 적어도 암시에 의한 치료 효과를 발휘할 수 있다. 반대로 분석가가 환자의 병의 원인에 관한 자신의 이론을 의심하면, 분석가가 성공을 거둘 확률이 당장 떨어지고, 그러면 그는 자신뿐만 아니라 지적인 환자도 설득시킬 수 있는 진정한 원인을 찾아야 한다고 느끼게 된다. 이런 경우에 분석가가 비판적인 경향을 보인다면, 그 과제가 무거운 부담이 될 것이고, 그는 종종 자신의 회의를 극복하지 못할 것이다. 그러면 치료의 성공이 위험한 상황에 처하게 된다. 이 같은 딜레마가 프로이트의 이론이 광적일 정도로 교조주의적인 면모를 보이고 있는 이유이다.

나는 최근에 접한 한 예를 통해서 그 문제를 쉽게 설명할 생각이다. 내가 개인적으로 알지 못하는 사람인 미스터 X가 나에게 편지를 보내왔다. 나의 책 『욥에 대한 대답』(Answer to Job)을 읽었는데, 그 책이 아주 흥미로웠으며 마음의 동요를 많이 야기했다는 내용이었다. 그가 그 책을 친구 Y에게 주었고, Y는 책을 읽은 뒤에 이런 꿈을 꾸었다고 한다.

'그는 강제 수용소에 다시 갇혔고 거기서 수용소 위를 거대한 독수리 한 마리가 먹잇감을 찾아 원을 그리며 돌고 있는 것을 보았다. 상황은 위험스럽고 무서웠으며, Y는 어떻게 해야 자신을 보호할 수 있을 것인지 궁리했다. 그는 로켓 추진식 비행기를 타고 높이 올라가서 독수리를 쏘아 떨어뜨릴 수 있다고 생각했다.'

X는 Y에 대해 강제 수용소에 오랫동안 갇혀 지낸 경험이 있는 합리적인 지식인으로 묘사했다. X와 Y는 똑같이 그 꿈을 전날 나의 책을 읽음으로써 방출된 감정의 탓으로 돌렸다. Y는 그 꿈에 대한 조언을 구하기 위해 X를 찾았다. X는 Y를 염탐하고 있는 독수리가 X 자신을 가리킨다는 의견이었지만, 거기에 대해 Y는 믿을 수 없다며 독수리가 그 책의 저자인 나를 가리킨다고 생각했다.

X는 지금 나의 의견을 듣기를 원했다. 개인적으로 알지 못하고 부차적인 자료가 없는 사람의 꿈을 해석하려고 노력하는 것은 일반적으로 신중을 요구하는 일이다. 따라서 우리는

거기에 제시된 자료가 암시하는 몇 가지 질문을 던지는 것으로 만족해야 한다. 예를 들어, X가 그 독수리를 자기 자신으로 보는 이유는 무엇인가? 그 편지에서 끌어낼 수 있는 것들을 근거로 할 때, X가 약간의 심리학적 지식을 친구에게 전했으며, 따라서 X는 자신이 말하자면 높은 곳에서 친구의 일을 내려다보는 멘토의 역할을 맡고 있다고 느꼈던 것 같다. 어쨌든 X는 Y가 심리학자인 자신에게 염탐 당하는 것이 불쾌하게 느껴질 수 있다는 생각을 어렴풋이 품고 있었다. 따라서 X는 심리 치료사의 위치에 서 있었다. 성적 이론을 바탕으로 신경증과 꿈의 뒤에 숨어 있는 것을 미리 알고 있고, 또 보다 탁월한 통찰이라는 높은 망루에 서서 환자에게 감시 당하고 있다는 느낌을 안겨주는 그런 존재 말이다. 그는 환자들의 꿈에 자신이 언제나 신비한 "검열관"이 고안한 위장을 한 모습으로 나타날 것이라고 예상하고 있다. 이런 식으로, X는 즉각 자신이 그 독수리라고 추측했다.

　Y는 다른 의견을 보였다. Y는 X에게 감시당한다는 것을 의식하지 않는 것처럼 보이지만, 당연하게도 그는 자신의 꿈의 분명한 원천, 즉 틀림없이 그에게 어떤 인상을 안겨 준 나의 책으로 돌아갔다. 바로 그런 이유 때문에, 그는 나를 독수

리로 지명했다. 이를 근거로, 우리는 그가 어떤 식으로든 자신이 간섭을 받고 있다는 느낌을 받았다고 결론 내릴 수 있다. 마치 누군가가 그를 찾아냈거나, 누군가가 그의 아픈 곳을 그가 절대로 좋아할 수 없는 방식으로 찌르고 있는 것처럼 느껴졌던 것이다. 그가 그런 감정을 의식할 필요는 전혀 없었다. 그가 의식할 필요가 있었다면, 그것이 꿈으로 거의 꿔지지 않았을 테니까.

여기서 해석과 해석이 충돌을 빚고 있다. 앞의 해석도 뒤의 해석만큼 자의적이다. 꿈 자체는 어느 방향도 암시하지 않는다. 아마 이 대목에서 Y가 자기 친구의 탁월한 통찰을 두려워하고 있었기 때문에 친구를 알아보지 못하도록 하기 위해 그를 독수리로 위장했다는 견해도 가능할 것이다. 그러나 꿈을 Y가 직접 만들었는가? 프로이트는 꿈의 이런 변형을 책임지는 검열관의 존재를 전제하고 있다. 나는 프로이트의 견해에 반대한다. 나는 꿈이 원하기만 하면 꿈을 꾸는 사람의 감정 따위는 거의 고려하지 않으면서 대단히 고통스럽고 불쾌한 것들을 꽤 잘 나타낼 수 있다는 견해를 취한다. 이 견해는 경험에 의해 갈수록 더욱 강화되고 있다. 만약에 꿈이 실제로 그렇게 하지 않고 있다면, 꿈이 말하고 있는 것이 아닌 다른 것을 의미한다고 짐작할 근거는 전혀 없다. 따라서 나는 꿈이 우리의 이성에 그렇게 터무니없어 보이게 만드는 바로 그 측면을 강조한다. 만약에 독수리가 미스터 X를 의미한다면, 그 꿈은 훨씬 더 단순하고 훨씬 더 합리적일 것이다.

나의 의견을 밝히자면, 그 꿈을 해석하는 과제는 곧 독수리가 우리의 개인적 공상과 별도로 무엇을 의미하는지를 찾아내는 것이다. 그러므로 나는 꿈을 꾼 사람에게 그 독수리가 어떤 독수리인지를, 그리고 그 독수리에 부여할 수 있는 일반적인 의미가 무엇인지를 조사하라고 조언할 것이다. 이 과제를 해결하려면 상징들의 역사를 둘러봐야 하며, 내가 의사의 상담실과 거리가 너무나 멀어 보이는 연구들에 그렇게 매진하는 이유도 바로 거기에 있다.

꿈을 꾼 사람이 그에게 알려지지 않아서 새로운, 독수리의 일반적인 의미들을 확립하기만 하면(그 의미들 중 많은 것은 그에게도 문학과 일상의 대화를 통해 알려져 있을 것이다), 그 사람은 전날의 경험, 즉 나의 책을 읽은 것이 독수리의 상징과 어떤 관계가 있는지를 조사해야 한다. 질문은 이것이다. 그가 어른까지 부상을 입히거나 낚아채 갈 수 있을 만큼 거대한 독수리라는 동화의 모티브를 떠올리게 할 만큼 그에게 감정적으로 강하게 영향을 미친 것은 무엇인가? 하늘 높은 곳에서 원을 그리면서 모든 것을 볼 수 있는 눈으로 땅 위를 조사하고 있는 너무나 거대한(즉, 신화적인) 새의 이미지는 한 인간이 신에 대해 품는 사상의 운명을 다룬 나의 책의 내용에 비춰보면 정말로 암시하는 바가 크다.

그 꿈에서 Y는 다시 "독수리의 눈"에 감시당하는 강제 수용소에 갇혀 있다. 이것은 꿈을 꾼 사람이 두려워하는 어떤 상황을 충분히 분명하게 가리킨다. 그 상황 앞에서 그의 강력한 방어 조치들이 바람직해 보인다. 신화적인 새를 쏘아 떨어뜨리기 위해, 그는 첨단 기술인 로켓 추진 비행기를 이용하길 원한다. 이런 비행기는 합리적인 지성이 이룬 가장 위대한 승리에 속하며, 신화적인 새와 정반대이다. 이 새의 위협을 첨단 지성의 도움으로 해소시킬 것이다. 그러나 나의 책 속에 그런 인격에 위험할 수 있는 어떤 요소가 도사리고 있는가? Y가 유대인이라는 사실을 안다면, 이 질문에 대한 대답은 어렵지 않다. 여하튼, 개인적 분노와 전혀 아무런 관계가 없는 영역들에 속하는 문제들을 들여다볼 문이 열렸다. 그것은 오히려 삶과 세상을 대하는 우리의 태도를 규정하고 있는 원칙들이나 지배적인 사상들의 문제이며, 경험이 보여 주듯이, 피할 수 없는 정신 현상들인 확신과 믿음의 문제이다. 정말이지, 확신과 믿음은 너무나 불가피하기 때문에, 기존의 사고 체계가 붕괴하면 그 즉시 새로운 사고 체계가 그 자리를 차지하게 된다.

신경증은 모든 질병처럼 부적응의 징후들이다. 일부 장애들, 그러니까 체질적 허약이나 결함, 그릇된 교육, 나쁜 경험, 부적절한 태도 같은 것들 때문에, 사람은 삶이 야기하는 어려움들 앞에서 움츠리다가 자신이 유아의 세계로 돌아가 있다는 사실을 발견한다. 무의식은 이 같은 퇴행을 상징들을 만들어내는 것으로 보상한다. 이 상징들은 객관적으로, 즉 비교 연구에 의해 이해될 때에, 모든 자연적인 사고 체계들의 바탕에 깔려 있는 일반적인 관념들을 다시 활성화시키게 된다. 이런 식으로, 태도의 변화가 일어나고, 이 변화가 그 사람의 현재 모습과 본연의 모습 사이의 분열을 메워준다.

앞에 소개한 꿈에 그런 종류의 무엇인가가 일어나고 있다. Y는 대단히 합리적이고 지적인 의식과, 불안 때문에 억압되고 있는, 똑같이 대단히 불합리한 어떤 배경 사이의 분열로 인해 고통을 겪고 있을 수 있다. 불안이 꿈에 나타나고 있으며, 그것은 그 인격이 겪고 있는 하나의 사실로 인정되어야 한다. 왜냐하면 사람이 원인을 발견하지 못한다는 이유로 불안을 전혀 품고 있지 않다고 단정하는 것은 터무니없기 때문이다. 그럼에도 사람은 일반적으로 그런 식으로 생각한다. 만약 불안이 받아들여진다면, 그 원인을 발견하고 이해할 기회가 생길 것이다. 그 원인이 꿈에서 독수리에 의해 생생하게 표현되고 있다.

독수리가 어느 개인이 그 권력으로부터 아직 벗어나지 못하고 있는 옛날의 어떤 신의 이미지라면, 그가 신을 믿고 있는지 여부는 별로 중요하지 않다. 그의 정신이 그런 현상을 낳도록 구성되어 있다는 사실이 중요한 것이다. 이유는 그가 자신의 육체를 제거하지 못하는 것과 마찬가지로 정신도 제거하지 못하기 때문이다. 정신이든 육체든 똑같이 절대로 다른 것으로 바뀌질 수 없다. 그는 자신의 정신적, 육체적 체질의 포로이며, 그가 인정하든 않든 상관없이 그런 사실이 고려되어야 한다.

물론, 사람은 육체의 요구 사항을 거부하다가 육체의 건강을 해칠 수도 있으며, 정신과 관련해서도 똑같이 할 수 있다. 살기를 원하는 사람은 누구든지 이런 나쁜 버릇을 삼가며 언제나 육체와 정신의 요구에 조심스럽게 귀를 기울여야 한다. 일정 수준의 의식과 지성에 이르게 되면, 일방적인 태도로 사는 것은 더 이상 가능하지 않으며, 원시인들 사이에 지금도 여전히 자연스럽게 작동하고 있는 정신적, 육체적 본능들 전체를 의식적으로 고려해야 한다.

육체가 음식을, 그것도 아무 음식이나가 아니라 육체에 적합한 음식을 필요로 하듯이, 정신은 존재의 의미를, 그것도 아무 의미나가 아니라 정신의 본질을 반영하면서 무의식에서 기원하는 이미지들과 관념들의 의미를 알 필요가 있다. 무의식은 말하자면 원형적인 형태를 공급하며, 이 원형적인 형태는 그 자체로는 비어 있으며 표현할 수 없다. 그러나 의식이 즉시 그 원형적인 형태를 관련있거나 유사한 표상의 자료로 채우며, 그러면 그 형태는 지각 가능해진다. 이런 이유 때문에, 원형적인 관념들은 지역이나 시기, 개인에 따라 달라진다.

무의식의 통합은 오직 드물게 자연적으로 일어난다. 대체로, 무의식에 의해 저절로 생겨나는 내용물을 이해하는 데는 특별한 노력이 필요하다. 타당하거나 효과적인 것으로 여겨지는 어떤 개념들이 이미 존재하는 곳에서, 그 개념들은 이해력을 돕는 가이드 역할을 하고, 새로 습득한 경험은 기존의 사고 체계와 조화를 이루거나 그 체계에 종속될 것이다. 이를 보여주는 좋은 예가 스위스의 수호성인 니클라우스 폰 플뤼에(Niklaus von Flüe)의 삶이다. 그는 긴 명상과 어느 독일인 신비주의자가 쓴 작은 책의 도움을 받아 신의 끔찍한 환상을 점진적으로 삼위일체의 이미지로 바꿔놓았다. 아니면 전통적인 체계가 새로운 경험의 결과로 새로운 방식으로 이해되었을 수 있다.

모든 개인적 감정과 분노가 꿈의 형성에 참여하며, 따라서 그 감정과 분노가 꿈의 이미지를 통해 읽힐 수 있다는 사실에 대해서는 말할 필요도 없다. 특히 치료를 시작하는 단계에 있는 분석가는 그 같은 사실에 만족해야 할 것이다. 이유는 환자의 꿈이 환자 자신의 개인적 정신에서 나온다는 설명이 환자에게 합리적으로 들리기 때문이다. 만약에 환자가 꾼 꿈의 집단적인 측면을 강조한다면, 환자는 완전히 어리둥절해 할 것이다.

잘 알고 있는 바와 같이, 프로이트는 꿈들이 옛날의 찌꺼기들을 포함하고 있다는 본인의 통찰을 부정하면서까지 신화 모티브를 개인적인 심리로 환원시키려 노력했다. 이 찌꺼기들은 개인적인 습득이 아니라 옛날의 집단적인 정신의 흔적이다. 그러나 심리학적 원칙들을 거꾸로 돌릴 수 있다는 점을 증명하기라도 하겠다는 듯이, 환자들 중에서, 자신의 꿈 상징들의 보편적인 의미를 이해할 뿐만 아니라 그런 이해 자체가 치료적으로 효과적이라는 것을 발견하는 사람들이 적지 않다.

치료의 위대한 정신 체계인 종교도 마찬가지로 개인적이 지 않고 집단적인 기원과 내용물을 가진 신화 모티브들로 이 뤄져 있다. 그래서 레비-브륄(Lévy-Bruhl)은 그런 모티브를 적절히 '집단 표상'이라고 불렀다. 의식적인 정신은 분명히 개인적인 본질을 지니고 있지만, 절대로 의식적인 정신이 정 신의 전부가 아니다. 의식의 토대, 즉 정신의 토대는 무의식 적이며, 정신의 구조는 육체의 구조처럼 모든 사람들에게 공 통적이며, 정신의 개인적인 특성들은 단지 무의미한 변형일 뿐이다. 똑같은 이유로, 경험이 적은 사람의 눈으로 유색 인 종이 많이 섞인 군중 속에서 사람들의 얼굴을 식별하는 것은 어렵거나 거의 불가능하다.

독수리 꿈에서처럼, 구체적인 어떤 사람을 지명하는 내용 이 전혀 없는 그런 상징이 나타날 때, 그 사람이 위장을 통 해 가려지고 있다는 식으로 추정할 근거는 전혀 없다. 반대로, 그 꿈이 직접적으로 말하고 있는 바로 그것을 의미할 가능성이 훨씬 더 크다. 그렇기 때문에 어떤 꿈이 분명히 무엇인가를 위장하고 있고, 따라서 구체적인 어떤 사람이 암시되고 있는 것처럼 보일 때, 거기에는 그 꿈의 의미라는 측면에서 그 사람이 그릇된 행동 또는 사고 방식을 나타내고 있기 때문에 그가 나타나는 것을 허용하지 않을 명백한 어떤 경향이 작용하고 있다. 예를 들어, 여자들의 꿈에 자주 나타나듯이, 분석가가 미용사로 나타날 때(그가 머리를 "고쳐 주기" 때문이다), 그런 경우에 분석가는 위장되고 있는 것이 아니라 낮게 평가되고 있다. 환자는 자신의 머리를 쓰지 않거나 쓰지 않으려 하는 탓에 의식적인 삶에서 어떤 종류든 권위를 인정할 준비가 언제나 되어 있다. 분석가는 그녀가 직접 이용할 수 있도록, 그녀의 머리를 멋지게 손질하는 미용사만큼의 중요성만 지녀야 한다(꿈은 이렇게 말하고 있다).

따라서 만약에 분석가가 꿈 상징들을 자신이 알고 있다고 짐작하는 상황이나 사물, 사람으로 환원시키지 않고 미지의 무엇인가를 가리키는 것으로 여긴다면, 분석 치료의 전체 성격이 변하기 마련이다. 그러면 무의식은 더 이상 알려져 있는 의식적인 요소들로 환원되지 않으며(덧붙여 말하자면,

환원 과정은 의식과 무의식 사이의 분열을 해소시키지 못한다), 무의식은 사실상 무의식으로 인정받고 상징도 마찬가지로 환원되지 않고 꿈을 꾼 사람이 제공하는 맥락에 의해, 또 비슷한 신화소들과의 비교를 통해서 증폭된다. 그러면 우리는 무의식이 그 상징으로 의미하려고 하는 것을 볼 수 있게 된다. 이런 방식으로, 무의식이 통합될 수 있고 분열이 극복된다. 반면에, 환원적인 과정은 무의식으로부터 더욱 멀어지며 단지 의식적인 정신의 편파성만 강화한다. 프로이트의 제자들 중에서 보다 경직된 사람들은 무의식을 더욱 깊이 탐험하면서 스승의 선도를 철저히 따르는 길을 택하지 않고 그냥 환원적인 분석에 만족하는 상태로 남았다.

내가 말한 바와 같이, 무의식과의 만남은 일반적으로 개인 무의식의 영역, 즉 그림자를 형성하고 있는, 개인적으로 획득한 내용물의 영역에서 시작해, 거기서부터 집단 무의식을 나타내는 원형적 상징들로 나아간다. 그 만남의 목적은 분열을 폐지하는 것이다. 이 목적을 이루기 위해, 자연이나 의료적 간섭은 똑같이 결합에 반드시 필요한 상반된 것들의 갈등을 촉진시킨다. 이것은 갈등을 의식으로 가져오는 것을 의미할 뿐만 아니라 특별한 종류의 경험, 즉 자신 안의 외계인 같은 "타자"나 또 다른 의지의 존재를 인정하는 경험을 수반하기도 한다. 연금술사들은 이해하기가 대단히 힘든 이것을 놀라울 정도로 정확하게 메르쿠리우스라고 불렀다. 메르쿠리우스라는 개념 안에 연금술사들은 신화학과 자연 철학이 메르쿠리우스에 관해 지금까지 했던 진술을 모두 포함시켰다. 메르쿠리우스는 신이고 악령이고 사람이고 사물이고 사람 속의 가장 내밀한 비밀이며, 신체적일 뿐만 아니라 정신적이다. 메르쿠리우스는 그 자체로 모든 상반된 것들의 원천이다. 이유는 메르쿠리우스가 이중적이고 양쪽을 다 할 수 있기 때문이다. 이처럼 파악이 어려운 실체는 모든 점에서 무의식을 상징하며, 상징들에 대한 정확한 평가는 무의식과의 직접적 만남으로 이끈다.

이 만남은 비합리적인 경험일 뿐만 아니라 깨달음의 과정이기도 하다. 따라서 연금술의 과정은 두 가지 부분으로 이뤄졌다. 그것은 온갖 감정적 위험과 악령의 위험이 따르는 실험실의 작업 부분과, 연금술 작업의 결과들을 해석하고 그 결과에 적절한 위치를 제시하는, 연금술 과정의 지도 원리인 이론 부분이다. 오늘날 우리가 심리적 발달로 이해하고 있는 전체 과정은 "철학의 나무"라 불렸다. 이것은 정신의 자연적인 성장과 어떤 식물의 성장 사이의 적절한 유사성을 끌어내는 "시적" 비교이다. 이런 이유로, 연금술과 현대의 무의식의 심리학의 바탕에 깔려 있는 과정들을 다소 세세하게 논하는 것이 나에게는 바람직해 보였다. 나는 독자 여러분에게 단순히 지적 이해만으로는 충분하지 않다는 점을 분명히 전할 수 있기를 바란다. 지적 이해는 우리에게 언어적인 개념들만을 제공할 뿐이며, 그 개념들의 진정한 내용물까지 주지는 않는다. 그 내용물은 그 과정이 우리 자신에게 적용될 때 겪게 되는 생생한 경험을 통해서만 발견될 수 있다. 우리는 이 점에서 어떤 망상도 품어서는 안 된다. 단어들을 통한 이해나 그 어떤 모방도 실제 경험을 대체하지 못한다.

연금술사들 일부가 기도의 장소를 위해서 실험실을 포기하고 훨씬 더 모호한 신비주의에 빠지게 되었을 때, 연금술은 결정적으로 중요한 본질을 잃고 말았다. 한편, 다른 연금술사들은 기도의 장소를 실험실로 전환하고 화학을 발견했다. 우리는 전자에 속하는 연금술사들에 대해 애처롭게 생각하고 후자에 속하는 연금술사들에게 존경을 표하지만, 어느 누구도 그 후로 몇 백 년 동안 시야에서 사라져 버린 정신의 운명에 대해서는 묻지 않고 있다.

찾아보기

ㄱ

가짜 아리스토텔레스...147
게베르...107, 197, 198
고트프리트...123
괴테...126
그라티우스...199
그레베루스, 요도쿠스...81, 82, 83, 86, 87, 88, 105
그림 형제...33
글로리아 문디...148, 156

ㄴ

네부카드네자르...153, 212
넬켄, 얀...215
노이만, 에리히...121

ㄷ

단테, 알리기에리...123
데, 케미아...33
데 아르보레 콘템플라치오니스...162

데모크리토스...107
도른, 게르하르트...107, 109, 110, 111, 112, 113, 116, 117, 124, 134, 155, 184, 198, 201, 204
뒤아드...89, 90, 93

ㄹ

라시스...110
라우렌치우스 벤투라...147, 156, 188
라제스...129
레비-브륄...61, 232
로사리움...121, 122, 199
로이스너, 헤에로니무스...33, 143
로젠크로이츠, 크리스티안...187
로즌로트, 크노르 폰...157
루스카, 율리우스...147
룰리, 라이몬드...183
룸펠슈틸츠헨...190
리베르 플라토니스 과르토룸...182
리플리 스크롤...141, 169
릴리트...142, 216

ㅁ

마구스, 시몬...30, 153
마그누스, 알베르투스...168
마누...55
마우루스, 라바누스...123
마이어, 미하엘...87, 141, 154
마카라...56
메히트힐트...122, 123
멜루시나...142, 165, 169, 177
모세...131, 178
모이세스...182
무세움 헤르메티쿰...140
미크레리스...182, 196
밀리우스, 마르틴...150, 174

ㅂ

바가바드 기타...56, 63, 65, 158, 159
바디스, 에지디우스 데...180
바르도...57
바르데사네스...212
발렌티누스...99
버지, 월리스...92
보누스, 페트루스...128, 131, 132, 133, 197, 198
뵈메, 야코프...167
분다히쉬...151
비슈누...56, 63

비시오 아리슬레이...146
비야 노바, 아르날두스 데...122
비제네르, 블레스 드 ...144, 157, 199

ㅅ

생 베르나르...123
생텍쥐페리...12
샤타파타-브라흐마나...63
성 아우구스티누스...211
성 암브로시우스...201
세니오르...174, 175
솔...141
슈피텔러, 칼...217
스크립툼 알베르치...164, 165, 168, 213, 215
신곡...123
신비적 참여...61
심리학과 연금술...47, 106, 140
싸이코이드...77

ㅇ

아리스토텔레스...110
아리슬레우스...146, 147
아불 케심...145, 150, 151
아스트람시코스...91, 94
아우로라 콘수르겐스...146, 154, 180, 199

아카모스...99
아콰리움 사피엔툼...119
아타르바 베다...64
아풀레이우스...207
악타 아르켈라이...171
안트로포스...103, 168, 213, 214
알랭...123
알레고리에 사피엔툼 수프라 리브
룸 브룸 투르베...162, 171, 176
알렉산더의 로맨스...214
알베르투스...110, 198
알치아티, 안드레아...158
알피디우스...130, 181
압바스, 할리...181
야주르 베다...63
에우헤메로스...135
에크하르트, 마이스터...103
에티오피아 에녹서...146, 170
엘리아데...218
엠블레마타 쿰 콤멘타리이스...158
여호수아 벤 눈...178
연금술 총서...141, 148
오그도아드...145, 167
오스타네스...151, 178, 189, 194
오스타네스의 서...175
오피우코스...182
올림피오도루스...103
우로보로스...35, 36
유스티누스...171
이레네우스...205, 214

이븐 시나...110, 197
이집트 사자의 서...92, 93

ㅈ

자비르 이븐 하얀...107, 161
장미십자회...126, 187
전이의 심리학...122
조시모스...82, 88, 89, 101, 102,
103, 118, 195

ㅊ

차라투스트라...200, 212

ㅋ

카가로우...218
카르니톨루스, 요세푸스...157
카발라...144, 157, 158, 171, 216
카시오도루스...145
케플러, 존...110
콘실리움 코니우지...174, 199
콜로나, 프란체스코...143
콩제리에스 파라첼시체 케미
체...113
콰테르니티...47, 67, 89, 90, 93, 95,
96, 98, 99, 101, 145, 200
쿤라트, 하인리히...118, 175
크리슈나...63, 65, 158

키드르...178
키미컬 웨딩...163, 188
키타브 엘 포쿨...151

ㅌ

테오세베이아...103
테트라소미아...87, 89, 99
테트라크티스...99, 100
투르바 필로소포룸...145, 195
트락타투스 아드 알렉산드룸 마
뉴...147, 178
트리아드...87, 88
티투스...205

ㅍ

파라켈수스...87, 110
파울리누스...96
판도라...33, 143, 169, 172, 177,
213
페레키데스...12
펠러지어스...82
프락티카 마리에 프로페치세...151
프레치오사 마르가리타 노벨
라...160
프로이트, 지크문트...137, 138,
222, 225, 231, 234
프로페티시마, 마리아...107
플라멜, 니콜라...152

플라톤...116, 117, 131, 158
플러드, 로버트...110, 112
플레로마...205, 206, 209
플뢰에, 니클라우스...230
피굴루스, 베네딕투스...148
피르케이 드 랍비 엘리에제
르...171
피에르, 노엘...71
피카소, 파블로...41
피타고라스...100, 147
필론...201

ㅎ

하르포레토스...147
할리퀸...41
헤라클레이토스...153
헤르메스 트리스메기스투스...80,
91, 113
헤스페리데스...148, 218
호그헬란데...161, 181
호라폴로...36
홈베르그, 우노...81
히에로스가모스...25
히폴리투스...104, 178
힙네로토마키아 폴리필리...145